Josef S. Bloch

Quellen und Parallelen zu Lessing's

Josef S. Bloch

Quellen und Parallelen zu Lessing's

ISBN/EAN: 9783743629295

Hergestellt in Europa, USA, Kanada, Australien, Japan

Cover: Foto ©ninafisch / pixelio.de

Weitere Bücher finden Sie auf **www.hansebooks.com**

Quellen und Parallelen

zu

LESSING's „NATHAN."

VORTRAG

am 31. Jänner 1880,

im Saale der Handels-Akademie zu Prag

gehalten von

Dr J. S. BLOCH.

II. unveränderte Auflage.

WIEN, 1882.

D. LÖWY'S BUCHHANDLUNG

Praterstrasse 15.

Druck von Löwy & Alkalay Pressburg.

„Nathan, Ihr seid ein Christ"

Klosterbruder.

„Sultan, ich bin ein Jud."

Nathan.

„Man bringe doch diesen Nathan vor eine „rechtgläubige Synagoge und lasse sich sagen, ob der ein Repräsentant des „Judenthums."

Als am achten September, dem letzten des vergangenen Decenniums, die Juden deutscher Zunge den 150. Geburtstag M o s e s M e n d e l s s o h n s feierten, wurde mannigfach die Klage laut, dass die Nachwelt den üblichen Dankeszoll den Manen dieses Weltweisen noch schuldet. Ist es aber wahr, dass der Dichter des N a t h a n in dieser Lichtgestalt voll Glanz und Hoheit das Bild und den Charakter des „Sokrates der Deutschen" gezeichnet, so. hat er im Voraus würdig gesühnt, was die Nachwelt undankbar sündigt; hat er dem innigverbundenen Freunde ein Denkmal gesetzt, herrlicher denn von Erz und Marmor, dessen Anblick bald mit schauernder Ehrfurcht, bald mit seligem Entzücken den Beschauer erfüllt.

Und in welch' heiliger, neidenswürdiger Umgebung sehen wir dieses Denkmal aufgestellt: Zur Rechten, Saladin, „der Held, der lieber Gottes Gärtner" wäre: der grosse Feind der Bettler, „dass er mit Stumpf und Stiel sie

1

zu vertilgen sich vorgesetzt — und sollt er selbst darüber zum Bettler werden." Zu seiner Linken der Tempelherr, der Mann von der bittern Schale und dem guten Kern, ein grimmiger und unversöhnlicher Widersacher aller Menschenmäkelei; der vor den mächtigen Sultan wie vor Seinesgleichen tritt, ohne das stolze Auge niederzuschlagen. Zu seinen Füssen die klugfromme Recha, die so ungern irrt und so scharf disputirt; neben ihr Sittah, gleichsam ein weiblicher Saladin, voll' Innigkeit und Sinnigkeit. „Tretet ein, auch hier sind Götter." Selbst die wilde und die zahme Biederkeit: Al Hafi und der Klosterbruder sind der Gesellschaft wohl würdig. — Bei so viel Sonne sehnt das Auge sich recht nach einigem Schatten; daher ist die glaubenseitle Daja, der es „an der Wiege nicht ward vorgesungen, dass sie nur darum ihrem Gemahl nach Palästina folgen würd', um da ein Judenmädchen zu erziehen," sogar recht willkommen: nehmen wir selbst die weihrauchduftende Niedertracht des gotteifrigen Patriarchen in den Kauf, der selber unzufrieden sich bei Seite schleicht, weil sein einfältig ausgeplauderter Herzenswunsch hier doch nur „Hypothes' ist zu sagen: ein Problema" bleibt. Erinnert man sich, dass in diesem Gottesstreiter, ein naturtreues Konterfei des

Hauptpastors an der Hamburger Katharinen-
kirche, des hochwürdigsten Herrn Johann Mel-
chior Götze, unter den zahlreichen Gegnern
Lessing's, der lauteste, in seiner Angriffsweise
der bösartigste und widerwärtigste — vorgeführt werden soll, wird man seine Gegenwart
mehr als gerechtfertigt, man wird an ihr selbst
Gefallen finden. Ihm ist es zum Theil zu danken, dass in Lessing der Entschluss gereift ist,
die Austragung seiner denkwürdigen literari-
schen Fehde „auf seiner alten Kanzel" zu unternehmen; er hat dem Dichter, allerdings un-
freiwillig, aber nicht unwesentlich, bei diesem
„Hohenliede der Toleranz" Hilfe geleistet, gleich
jener Kraft, die stets das Böse will und stets
das Gute schafft.

In Kreisen, in welchen der Gedanken-
gang Dajas, die „ihren Werth als Christin"
nicht hoch genug anschlagen kann, fortlebt,
ist es dem Dichter verargt, ja oft genug ein
lauter Vorwurf gegen ihn erhoben worden,
weil er angeblich das Christenthum vernach-
lässigt, herabgesetzt habe ; denn der Tempelherr reiche nicht an die Höhe des Juden Nathan,
und ein Christ, der Patriach, repräsentire den
schlechtesten Charakter des Stückes. Nichts ist
ungerechter als solche Klage. Das Christenthum sollte auf dieses Evangelium der Toleranz

mit befriedigtem Stolze blicken. Sein sind sie
alle, Nathan und Saladin, Sittah und der Tempelherr: Geisteskinder Lessings, der, wie er in
einer seiner letzten Streitschriften betheuert
hat, sich bewusst war, es gut mit seiner Kirche
zu meinen. Der Dichter, der ihnen allen Geist
von seinem Geiste eingehaucht hat, ist der
Christ, welcher die Gesellschaft ergänzt: das
sollte Alles aufwiegen! Auf welch' hoher Stufe
der Aufklärung und Bildung müsse ein Volk
stehen, wenn einer seiner Dichter sich zu dieser
Höhe der Gesinnung hinaufschwingen, zu dieser
feinen Kenntnis göttlicher und menschlicher
Dinge ausbilden konnte. „Wenigstens dünkt
mich, sagt Mendelssohn, wird die Nachwelt so
denken müssen. Aber so dachten sie nicht, die
Zeitgenossen Lessing's." So denken auch heute
noch die wenigsten. Der Fürwitz und die An-
massung, die Beschränktheit und der Scharfsinn haben allerhand an diesem Drama zu
mäkeln und zu deuteln gefunden. Ja, grade gegen
das klare, durchsichtige Charakterbild Nathan's
haben von je allerlei schiefe und gehässige
Beurtheilungen sich gewagt, und wenn die
Amts- und Gesinnungsgenossen des ehrwürdi-
gen Patriarchen, die geistigen Nachkommen
des Hamburger Hauptpastors Götze, in niede-
ren Schmähungen sich zu ergehen pflegen wider

die heiligen Manen des verklärten Dichters,
so sind die Halb- und Scheinliberalen, gemil-
derter und gesitteter, genöthigt, ihren Unmuth
wenigstens mit dem Mantel objektiver Wissen-
schaftlichkeit zu umhüllen, der aber oft so
fadenscheinig und durchlöchert, dass die Blösse
kaum anständig verdeckt wird. Das Bild des
Juden Nathan, meinen sie, ist mit christlichen
Farben gezeichnet und kolorirt: die einfältige
Bemerkung des Klosterbruders, „Nathan, Ihr
seid ein Christ" ist der Ausdruck höchster
Weisheit und reinster Menschenkenntnis, [1] die
liebevolle Erwiderung Nathans dagegen, welche
jeder Religion das gleiche Streben und die
gleiche Kraft zuspricht, ihre Bekenner zur
Höhe sittlicher Reife heranzubilden, aber falsch.
„Denn nur das Christenthum," fügt Julian
Schmidt hinzu, „lehret: Segnet die Euch fluchen,
liebet Eure Feinde." „Keine Religion nährt so
sehr das Gefühl des Hasses und der Rache,

---

[1] In der Schrift: „Lessing, Jesus und Kant"
von Dr. F. Horn, Wien 1880, heisst es auf dem Titel-
blatt: „Nathan, ihr seid ein Christ! Lessing." Mit
gleichem Fug hätte es heissen können: „Thut nichts!
der Jude wird verbrannt! Lessing." Dort zeichnet der
Dichter die Einfalt und Beschränktheit, hier die Niedertracht. Ihre Aeusserungen, ihm als seine eigenen, posi-
tiven Anschauungen unterschieben, ist geradezu absurd
und sündhaft.

wie die jüdische." Schon Emil Lehmann[1]) hat
dem gegenüber, auf die biblischen Gebote, dem
Feinde wohlzuthun, hingewiesen. 2. Buch Mose
23, 4; 3. Buch Mose 19, 17; [Prov. 20, 22,
24, 29; 25, 21. Allein auf die Uebung
nicht auf die Lehre kommt es an: wo aber
hat jemals in der Geschichte das Christenthum
diese Feindesliebe bewährt und bethätigt, Beweise der Milde, wohlwollende, freundliche Gesinnung gegen Andersdenkende, Andersgläu-
bige an den Tag gelegt? „Das christliche Gebot der Demuth und Geduld, bis zu jener
unnatürlichen und übertriebenen Forderung,
die zweite Wange hinzuhalten, wenn man
auf die eine geschlagen wird, haben Christen
nie, die frommen und kircheneifrigsten am wenigsten, Juden aber sehr häufig geübt," sagt
der berühmte, französische Gelehrte Alphonse
Decandolle.[2])

Wahr ist nur das Eine, dass das Bild
Nathans nicht zu jener Zerr- und Missgestalt
stimmen will, welche der mittelalterliche Glau-
benshass vom Juden überliefert und populär
gemacht hat. Daher hat das Unternehmen Nathan

---

[1]) Lessing in seiner Bedeutung für die Juden.
Vortrag von Emil Lehmann. Dresden 1879.
[2]) Histoire des sciences etc., Lyon 1873 p. 407.
Vergl. die interessante Schrift: „Franzosen über
Juden" von Dr. A. Jellinek. Wien 1880.

den Juden zu entreissen und für das Christenthum zu reklamiren, seit dem Erscheinen des
Dramas oft genug sich wiederholt. Man war
und ist noch immer von der Wahnvorstellung
beherrscht, dass es dem jüdischen Volke an
den Vorbedingungen mangle, ein solches Ideal
hervorzubringen und zu erziehen, dass mit dem
jüdischen Wesen und dem jüdischen Charakter
das Handeln Nathans und seine idealen Grund-
sätze sich nicht vereinen lassen. Immer noch
denkt man sich den Juden im Ebenbilde Shylok's, ohngeachtet dass dieser ursprünglich und
geschichtlich — ich will nicht sagen ein Christ,
sondern lieber — ein Nichtjude, Namens Paula
Maria Secchi in Rom, welcher dem Juden
Simon Ceneda ein Pfund Fleisch von seinem
Leibe, halsstarrig auszuschneiden verlangte." [1]
Der brittische Dichter, dessen Heimat die unglücklichen Nachkommen des hebräischen Volkes bei Lebensgefahr nicht betreten durften,
zu dem nur die grausigen Märchen, welche
der Aberglaube und die Einfalt von ihnen
sich erfunden hat, dringen konnten, hat jenen
Unmenschen zum Juden gemacht, um wenigstens ein psychologisches Motiv für die un-
menschliche Handlung sich zu schaffen. Den-

---

[1] Vergl. Gregorio Leti, Leben Sixti V. P. 2. 4.
XI. S. 3.

noch fehlt fast nie bei der Beurtheilung und
Würdigung Nathan's ein Hinweis auf den Charakter Shylok's.

Erleuchtetere Männer, wie David Friedrich Strauss [1] und Kuno Fischer [2] haben
der Einsicht sich nicht verschlossen, dass
Nathan vom Juden nun einmal nicht loszulösen
ist, und der erste verlangt vom Darsteller des
Nathan, dass er das jüdische Wesen, die Art
des jüdischen Thuns scharf und klar pointire.
Der zweite aber scheut die Mittel einer hals-
brecherischen Spitzfindigkeit nicht, um wenigstens zwischen d i e s e m Juden und dem J u d e n-
t h u m eine Art chinesischer Mauer aufzuführen,
ihren Zusammenhang geradezu umzukehren
und auf den Kopf zu stellen. „Nicht weil
das Judenthum die Religion der Duldung
sondern weil es das Gegentheil ist, darum ist
Nathan ein Jude.“ (S. 110) „Man bringe doch
diesen Nathan vor eine rechtgläubige Synagoge
und lasse sich sagen, ob d e r ein Repräsentant
des Judenthums.“ (S. 107.)

Für diese Aufgabe erbitte ich mir Ihre
geneigte Aufmerksamkeit. Sie ist interessant

---

[1] Lessings Nathan der Weise. Ein Vortrag von
David Friedrich Strauss, 1864.

[2] Lessings Nathan der Weise, Ideen und Charaktere der Dichtung. 2. Auflage, 1872.

genug, dass sich einer ihrer unterzieht. Wir
wollen Nathan vor das Forum der rechtgläubigen Synagoge citiren, seinen Charakter und
seine Handlungen ausschliesslich vom Stand-
punkt des Judenthums prüfen, wir wollen vor
Allem zu seinen Lehren, seinen schönsten Sen-
tenzen und Sprüchen, zu den Grundsätzen, in
deren Geist er lebt und wirkt, die Quellen und
Parallelen im hebräischen und rabbinischen Schriftthum aufsuchen und so
ein Urtheil provociren, ob es wahr ist, was er
selber vor Saladin bekennt:

    „Sultan,

    „Ich bin ein Jud."

1.

Ein gefeierter, deutscher Schriftsteller unternahm einmal einen Versuch: Nathan und Faust zur bessern Würdigung ihrer entgegengesetztenCharaktere miteinander zu vergleichen. In Faust das titanenhafte Ringen mit den ewigen Mächten, das wilde, dumpfheulende Grollen und Hadern über den missverstandenen Haushalt der Vorsehung, das, weil ohnmächtige, darum krankhafte Rütteln an den Grundvesten der Weltordnung, und in Nathan die wahrhaft göttliche Ruhe eines Weisen, der in und mit sich versöhnt, die Grösse des Menschenberufes mit weitem Blick erfasst hat: der in allem die Lichtseite herauszufinden weiss, um an ihr sein grosses Herz zu laben; gütig und nachsichtig selbst gegen die Schwäche, wenn sie nur mit einer Tugend verbunden ist, die er lieben darf, dessen Natur nichts so zuwider, wie das düstere, in sich zusammengeballte Brüten über die dunkeln Probleme des Menschendaseins. In Faust: die Tragödie des

Weltschmerzes, in Nathan: das Hohelied der
Versöhnung! Aber nicht in der Verschiedenheit der Dichternaturen kann die so scharf
zugespitzte Gegensätzlichkeit dieser beiden
Charaktere ihre letzte Ursache haben. Jenes
herzzerreissende Klagelied einer gramesdüstern,
mit sich zerfallenen Seele, erklingt aus dem
gottgeküssten Munde des sangesfrohesten Po-
eten, des glücklichsten in seinen glücklichsten
Tagen; das Drama aber voll Licht und Sonnenschein ist das Kind eines tief unglücklichen
Dichters, dem das Geschick die Sorge zur treuen
Begleiterin gegeben hat, wurde geboren in einer
jener durchwachten Nächte, in welchen der
Kummer dem Schlafe die Herrschaft entwunden.
Sein geliebtes Weib, eine gleichgestimmte Seele,
an der er mit aller Innigkeit seines glutvollen
Herzens hing, war ihm eben erst nach einjäh-
riger Ehe vom Tode entrissen worden, ein Dekret
des Ministeriums konfiscirte seine Schriften, nahm
ihm die Censurfreiheit, untersagte ihm in Reli-
gionssachen im In- oder Ausland etwas drucken
zu lassen, unterfing sich dem gewaltigen Genius
die Fittige zu unterbinden.

Wenn nun dieses Schmerzenskind der
Muse dennoch von so hellleuchtendem Glanz
und lachendem Sonnenschein umflossen ist, nirgends an die melancholische Nacht gemahnt,

in der es geboren; wenn der Dichter so sorg-
sam darüber wachte, dass er auch nicht unbewusst von seiner trüben, verbitterten Stimmung seinem Lieblingshelden einen Zug ein-
hauche und übermittle, so kann das nicht
zufällig, nicht planlos — wer wollte Planlosig-
keit auch bei einem Lessing vermuthen — so
kann das nur wohlüberlegt geschehen sein.

Friedrich Spielhagen, welcher jene Verschiedenheit zwischen dem Optimismus Nathan's
und dem Pessimismus Faust's in glänzenden
Antithesen schildert, ohne deren wahre Ursachen
aufzudecken, hat hauptsächlich das Eine nicht
berücksichtigt, nämlich, dass die Faustsage
ein Kind des germanischen Mittelalters und in
Nathan die Gestalt eines idealen Menschen uns
vorgeführt werden soll, der aus dem Judenthum hervorgewachsen.

In der That, wenn Nathan ein wahrer
und ganzer Jude sein soll, nicht ein christlicher Jude, einer wie er im befangenen Geist
in den ererbten falschen Vorstellungen lebt,
sondern ein echter Sohn seines Stammes, ein
Typus, wie ihn Lessing in edelster und voll-
kommenster Ausprägung in seinem Freunde
Mendelssohn entdeckt hat, so musste ihm
jeder Zug des Pessimismus, jeder Anflug des
Weltschmerzes fern gehalten werden. Der kluge,

praktische Sinn, der in diesem Stamme lebendig ausgebildet ist, seine Verstandsschärfe, die Anlagen zur Schwärmerei, die bei ihm in nur geringem Grade vorhanden sind, geben einer solch' mürrischen, krankhaften Stimmung wenig Raum, lassen sie wenigstens nicht Herrschaft über die Gedankenwelt gewinnen. Dem Juden ist die Welt nicht ein Jammerthal, er liebt das Leben und weiss es zu würdigen. Bernstein in einem seiner entzückendsten Bilder, welche er dem altjüdischen Familienleben liebevoll abgelauscht hat, in dem klassischen „Vögele der Maggid", lässt in einer bezaubernden Scene den verliebten „Koschminer", der sich von seiner Angebeteten verschmäht glaubt, vor lauter Liebesgram zu Kotzebues Verzweiflung greifen. Sein Freund aber der „Zempelburger" wehrt ihm die Sünde: „die Verzweiflung ist vom Goi, ein Jud thut gar nicht verzweifeln."

Die optimistischen Neigungen und Anlagen des hebräischen Stammes[1]) sprechen sich auch in seiner Religion aus. Nach vollbrachter Schöpfung hat Gott selber die Güte und Vollen-

---

[1]) Ueber den hebräischen Optimismus hat der grosse Kenner der jüdischen Volksseele, Dr. A. Jellinek ein glänzendes und interessantes Capitel geschrieben. Vergl. „Der jüdische Stamm." S. 104. ff. Wien 1869.

dung der Welt gepriesen. „Er sah Alles was er
geschaffen und siehe da, es war sehr gut.“

Arthur Schopenhauer findet den Grund-
unterschied der Religionen in Optimismus und
Pessimismus, keineswegs darin, ob sie Mono-
theismus, Polytheismus oder Dreieinigkeit lehren.
Dieserthalb sind A. T. und N. T. einander
diametral entgegengesetzt; ihre Vereinigung
bildet einen der wunderbarsten Centauren.
Das A. T. ist Optimismus, das N. T. ist Pessimismus. Der Optimismus Nathan's ist seine
vornehmste hebräische Stammeseigenart.

Man ist allerdings gewohnt, zwei Schriften
der hebräischen Bibel, Kohelet und Hiob in
das Genre der Weltschmerzliteratur zu zählen.
Allein es ist bedeutsam, dass der vielheimge-
suchte Hiob vom Dichter zum Sohn, nicht des
hebräischen, sondern des idumäischen Stammes
gemacht wird, und auch ihn weiss er schliesslich zur Anerkennung der weisen Fügungen
Gottes zu bekehren. Kohelet dagegen erweist
sich in Form und Inhalt, in Sprache und Lehren
von der hellenischen Gedankenwelt durchtränkt.
Dennoch vermochte der Dichter seine hebräische Natur nicht ganz zu unterdrücken, und
sie bricht hervor, oft plötzlich und unvermit-
telt, so in jenem lustschäumenden Ausrufe:

„Und süss ist das Licht und wonnig dem Auge, die Sonne zu schauen."

Und das spätere Judenthum, das geächtete und zertretene, das gebeugte und gedehmüthigte, wie weit ist es von der düsteren Jammerthaltheorie entfernt, wenn ein Lehrer im jerusalemischen Talmud bis zu der Aeusserung sich versteigt: „Dass jeder Mensch vor den Richterstuhl Gottes wird gefordert werden, für alles Schöne, das er mit seinem Augen gesehen und nicht genossen"; das ihm Blick, Sinn und Herz hätte erfreut, davon er aber düsteren und verstockten Gemüthes sich abgewendet.

Der Jude, ob er noch so schwere Gewitterwolken über seinem Haupte hat zusammenballen sehen, sobald sie sich verzogen, kehrte seine heitere, lebensfrohe Stimmung wieder, um welche seine Feinde oft ihm neid sein durften. Jahrzehnt um Jahrzehnt, Jahrhundert um Jahrhundert zogen dahin, seine Leiden steigerten sich immer mehr und mehr, liessen keinen frohen Ausblick auf eine Besserung zu, er aber blieb hoffnungsselig und erlösungsgläubig: „Haschato awde leschono haboo bené chorin", dieses Jahr sind wir noch Sklaven, im kommenden Jahr schon freie Männer. Dieser Optimismus hat etwas gewaltig

Erhabenes, rührend Erschütterndes. Kein Leid,
so furchtbar es hereinbrechen mochte, war im
Stande, ihn in die kalten Arme der Verzweiflung, des Lebenshasses zu treiben. Mit einer
granitenen Seele begnadet, an der des Unglücks
immerneuheranstürmende Wogen und Wellen
sich brechen und theilen mussten, lernte er
frühzeitig der äusseren Erniedrigung den ge-
heimen Stolz, das Bewusstsein seines inneren
Werthes entgegensetzen, seine Hoffnung stär-
ken, seinen Geist stählen an dem Glanze
und an dem Reichthum seiner Vergangenheit,
an der Würde und Hoheit seiner Geschichte,
an der Kraft und Fülle, welche er in seinem
Glauben fand, der ihm die nie erkaltete Le-
benswärme einhauchte. Gedrängt und einge-
engt, gedrückt und niedergebeugt, baute er
sich sein Heim im unangetasteten Reiche des
Innern auf, da war die Trauer um ihn her
eingesunken, vergessen und bezwungen vor
der Allgewalt des in ihm mächtigen Lebens-
triebes. Einen Moment nur grollt Nathan, als
das schwere Geschick ihn ereilt hat, drei Tage
lang hadert er mit der Vorsehung, wie er
der biedern frommen Einfalt des Klosterbruders erzählen darf:

„Ihr traft mich mit dem Kinde zu Darun:
„Ihr wisst wohl aber nicht, dass wenige Tage

„Zuvor in Gath die Christen alle Juden
„Mit Weib und Kind ermordet hatten; wisst
„Wohl nicht, dass unter diesen meine Frau
„Mit sieben hoffnungsvollen Söhnen sich
„Befunden, die in meines Bruders Hause,
„Zu dem ich sie geflüchtet, insgesammt
„Verbrennen müssen. — Als
„Ihr kamt, hatt' ich drei Tag' und Nächt' in
Asch'
„Und Staub vor Gott gelegen und geweint.
„Geweint? Beiher mit Gott auch wohl
gerechtet,
„Gezürnt, getobt, mich und die Welt ver-
wünscht;
„Der Christenheit den unversöhnlichsten
„Hass zugeschworen.
„Doch nun kam die Vernunft allmälig wieder·
„Sie sprach mit sanfter Stimme: „Und doch
ist Gott!
„Doch war auch Gottes Ratschluss das!
Wohlan
„Komm! übe, was du längst begriffen hast;
„Was sicherlich zu üben schwerer nicht
„Als zu begreifen ist, wenn Du nur willst.
„Steh' auf!“ Ich stand auf, rief zu Gott:
ich will !
„Willst Du nur, dass ich will!“
Der erniedrigende Hass und unfrucht-

bare Groll vermochte nie im Herzen des Juden
dauernde Wurzel zu schlagen. Die Tugend
der Selbstüberwindung, welche in Nathan ihre
lebendigste Verkörperung gefunden, war von
je geradezu eine Lebensbedingung des Juden.
In der Kunst, sich über das Geschick zu erheben, um in allen äussern Stürmen die innere
Freiheit und Fassung nicht zu verlieren, hat
er sich frühzeitig üben müssen, darum auch
hat er diese Kunst so gut erlernt. All' das
bittere Unrecht, das ihm widerfahren war,
alle namenlose Gehässigkeit, die er erduldet
hatte, liessen in seinem Herzen keine Verbit-
terung zurück, waren nicht im Stande, den
natürlichen Frohsinn, die Lebensfreudigkeit ihm
zu trüben. Die grausigen Verfolgungen lernte
er durch Jahrhunderte langer Uebung als
eine Art Gewohnheitsrecht der Völker, als
etwas Gegebenes, gleichsam Naturnotwendiges
ansehen und betrachten, darüber er kaum mehr
grübelte. Je mehr die Andern verlernt hatten
in ihm den Menschen zu achten, desto emsiger
und eifersüchtiger suchte er in den geheimsten
Gemächern seines Innern das einfach Mensch-
iche zu pflegen.

Ein preussischer Gymnasialdirektor[1] er-

---

[1] Trosien in Virchow's Vorträge, Heft 203.

wähnt in seinem Vortrage über Nathan der
Schlussworte in dem bekannten Trauerliede
der von Sehnsucht nach der Heimat verzehr-
ten babylonischen Gefangenen, welche dem
übermüthigen, jubelnden Feinde, dem Bedrän-
ger ihres Vaterlandes, auf sein Verlangen, ein
heiliges Zionslied zu hören, zurufen: „Du ver-
störte Tochter, Babel, heil dem, der dir ver-
gilt, was du uns gethan hast, heil dem, der
auch deine jungen Kinder dir nimmt und sie
zerschmettert an den Felsen.“ Ps. 137. Damit
wird das Dictum begründet und erwiesen, dass
es keine Religion giebt, welche so sehr das
Gefühl des Hasses und der Rache nährt, wie
die jüdische.

Mit gleicher Berechtigung, wenn die ver-
einzeiten Aeusserungen und Schmerzensklagen,
welche ein beispielloses Nationalunglück den
verwundeten Gemüthern abpresst, entscheidend
wären zur Beurtheilung oder Verurtheilung
des gesammten Volkscharakters, dürfte auch
Nathan als Ausbund des Hasses, der Rachsucht
gelten; denn auch er hat „der Christenheit den
unversöhnlichsten Hass zugeschworen.“

Der gelehrte Herr hat eben nicht er-
wähnt, dass jener wilde Aufschrei des über-
mächtigen patriotischen Schmerzes gerade, wie
bei Nathan in der Lessing'schen Scene, nur ein

2*

momentaner war, dem die Beruhigung bald
gefolgt ist, in einer mildeatmenden, weisheits-
vollen Rede, gesprochen von einem hervor-
ragenden Propheten an seine unglücklichen,
zertretenen, an tausend Wunden blutenden
Exilbrüder: „Erstrebet das Beste der Stadt
(Babel) dahin Ihr verwiesen worden, betet
für sie zu Eurem Gotte, denn in
ihrem Wohl ist Euer Wohl." Jeremias 29, 7.
Mit dieser wichtigen Ergänzung ist die Parallele zu dem Handeln Nathan's vollständig hergestellt, welches nicht im Gegensatze, vielmehr
in voller Uebereinstimmung mit dem hebräischen Nationalcharakter sich bewährt.

II.

Faust und Nathan: Jener gehört der
gelehrten Zunft, hat Philosophie, Juristerei,
Medicin und leider auch Theologie durchaus
studiert, heisst Doktor und Magister; Nathan
ist ein Handelsmann: „Sein Saumthier treibt
auf allen Strassen, zieht durch alle Wüsten,
seine Schiffe liegen in allen Häfen." Sein
Gott aber hat ihm von den Gütern dieser Welt
das kleinste: Reichthum und das grösste:
Weisheit im vollen Masse ertheilt, wie ihn
Al Hafi der Sittah schildert.

Dabei ist er ein Herzenskundiger wie selten

ein Sterblicher, umfasst er mit seinem Geiste
alle Höhen und alle Tiefen des menschlichen
Gemütes. Das Volk nennt ihn den Weisen.

Die Verbindung weltlichen Berufes mit
Streben nach wissenschaftlicher Erkenntnis dürfen
wir wohl als eine spezifisch-jüdische Erschei-
nung reclamiren.

Von den bedeutendsten Talmudisten wissen wir, dass sie als Handwerker, als Bäcker,
Schneider, Schuster, Schmiede u. s. w. Nahrung
und Erwerb sich suchten. Ihrem Ansehen that
das keinen Eintrag, sie durften auf alle Ehren-
stellen des Lehrhauses Anspruch erheben. Als
Pflicht jedes Gelehrten erachtete man das gründ-
liche Erlernen eines Gewerbes; „denn Wissenschaft ohne Gewerbe ruhe auf schwachem
Grunde und sei gefährdet. (Sprüche der Väter
2, 2.) Sie selber aber, die Wissenschaft, dürfe
zum Spaten nicht erniedrigt werden, um Schätze
zu graben." (Das. 4, 7.) Lieber den gröbsten
Arbeiten sich hingeben, um nur ungehemmt und
ungeschnürt von Amt und Würde sich ganz
zu gehören in den Stunden geistiger Forschung.
R. Huna, ein Richter, sagte zu streitenden Par-
teien: „Stellt einen Mann mir, der während
der Verhandlung für mich Wasser schöpft, davon ich mich ernähre, und ich will Euch gern
richten." Ketub. 25.

Auch Maimonides, obgleich anerkanntes, geistiges Oberhaupt der Gesammtjudenheit, betrieb einen Juwelenhandel, Spinoza war bekanntlich Brillenschleifer, Mendelssohn Kaufmann.

Mancher unserer Zeitgenossen wird aus seiner Jugend die Erinnerung bewahrt haben an einen oder mehrere jener nun seltener gewordenen Männer mit der gedankenschweren Stirn und den seelenvollen Augen, aus deren Tiefe ein Himmel voll Weisheit und Güte entgegenstrahlte, gewohnt in den Geschäftsläden mit der Elle in der Hand vor dem offenen Talmudfolianten zu stehen, gleichbereit über ein wissenschaftliches Thema oder einen neuen Handelsartikel eine fachmännische Unterhaltung zu pflegen An Gelehrsamkeit, welche sich nicht immer auf den blossen Talmud beschränkte, überragten sie oft die Oberrabbinen und in allen bedeutsamen religiösen Fragen wurden sie um ihr Gutachten angegangen. Die Verbindung der Wissenschaft mit dem Leben, der theoretischen und praktischen Erfahrung, das zeitweilige Heraustreten aus der dumpfen, beklommenen Luft der engen Studirstube, schützte sie vor der hässliche Einseitigkeit, hinderte, dass der Bücherstaub und der Wissensqualm vor dem Auge sich lagere, den Blick und das

Urtheil trübe für die Aufgaben des grossen
Lebens.

III.

Faust ist an der unfruchtbaren Büchergelehrsamkeit erkrankt. Von den zalreichen
Schartecken, die seine hochgewölbten, gotischen
Zimmer füllen, hat wol keine von seinem em-
sigen Fleiss eine Zurücksetzung erfahren, und
er sehnt sich endlich hinaus aus dem Kerker,
„wo selbst das liebe Himmelslicht trübe durch
gemalte Scheiben bricht." Nathan dagegen ist
der Büchergelehrsamkeit nicht hold. Als Sittah
über Recha's ungewöhnlich reiches Wissen er-
staunt, ausruft:

„So jung, so klug, so fromm,
„Was du nicht Alles weisst, nicht Alles musst
„Gelesen haben."

ist sie überrascht und gesteht, dass das Lesen
ihr wahrlich schwer wird. Was sie weiss, weiss
sie allein aus des Vaters Mund und könnte bei
dem meisten noch sagen, wie, wo, warum er
sie es gelehrt.

„Im ganzen Ernst. Mein Vater liebt
„Die kalte Buchgelehrsamkeit, die sich
„Mit todten Zeichen in's Gehirn nur drückt,
„Zu wenig."

Um diesen Zug, welchen der Dichter

absichtsvoll hier eingeflochten, richtig zu würdigen, muss man sich erinnern, dass M e n d e l s-
s o h n im „Jerusalem" die moderne Art der
Erziehung mit jener, wie sie in alter, talmu-
discher Zeit üblich gewesen, in Gegensatz
gebracht und über die Einseitigkeit moderner
Buchstabenmenschen manches geistvolle und
scharfe Wort geäussert hat. „Wir lehren," klagt
er, „und unterrichten einander nur in Schriften,
lernen die Natur und Menschen kennen nur
aus Schriften, arbeiten und erholen, erbauen
und ergötzen uns durch Schreiben. Selbst der
Lehrer auf dem Katheder liest geschriebene
Hefte ab. Wir lieben und zürnen in Briefen,
zanken und vertragen uns in Briefen, unser
ganzer Umgang ist Briefwechsel, und wenn
wir zusammenkommen, so kennen wir keine
andere Unterhaltung als Spielen oder Vorlesen.
Alles ist todter Buchstabe, nirgends der Geist
der lebendigen Unterhaltung. Vom Buchstaben
hängt unser ganzes Wesen ab, und wir können
es kaum begreifen, wie ein Erdensohn sich
bilden und vervollkommen kann, ohne Buch.
Daher ist es gekommen, dass der Mensch für
den Menschen fast seinen Werth verloren hat."

„So war es nicht," fügt er hinzu, „in den
grauen Tagen der Vorwelt, da war die Lehre
noch genauer mit dem Leben. Betrachtung

inniger mit der Handlung verbunden. Der
Mensch war dem Menschen nothwendiger; der
Unerfahrene musste dem Erfahrenen, der Schüler
seinem Lehrer auf dem Fusse nachfolgen, seinen Umgang suchen, ihn beobachten und gleichsam ausholen, wenn er seine Wissbegierde
befriedigen wollte." (Jerusalem S. 61—63.)

Die jüdische Buchgelehrsamkeit und Viel-
leserei ist in der That relativ jungen Charakters. Vom Abschluss der Bibel und der biblischen Zeit musste beinah' ein ganzes Jahr-
tausend dahingehen, ehe von den Nachkommen der hebräischen Propheten ein neues Buch
geschrieben wurde. Der Gesammtinhalt der
Mischna und des Talmud war während langer
Zeiträume bloss der mündlichen Tradition an-
vertraut. Männer, wie Simon Justus, Hillel,
Gamaliel, Jochanan ben Sakai, Akiba u. s. w.
haben nichts Schriftliches ihrem Volke hinter-
lassen. Philo und Josephus schrieben in griechi-
scher Mundart und nicht für Juden. Bei aller
geistigen Regsamkeit empfand man nicht den
Mangel an Lectüre, das Bedürfniss nach geistiger Unterhaltung wusste in anderer Art sich
Befriedigung zu schaffen.

Auch in den Schulen war der Unterricht
ein mündlicher im strengsten Sinne. Nicht der
todte Buchstabe, der Geist der lebendigsten

Unterhaltung herrschte dort. Auf Spaziergän
gen, bei täglich sich wiederholenden Gelegenheiten, lehrten, lernten die Talmudisten. Im
rabbinischen Sprachgebrauch heisst Empfangen
den Unterricht eines Weisen, soviel wie seinen
Umgang geniessen. Ja, mancher Talmu-
dist erzählt bei seinen Traditionen,
gleich Recha „wie, wo und warum"
er die Lehre empfangen hat.

IV.

Der Dichter lässt uns einer Unterrichts-
stunde Nathans anwohnen, mit eigenen Augen
sollen wir sehen, wie, wo und warum er Lehren ertheilt. Bei einer Feuersbrunst im Hause
des auf weiten Reisen abwesenden Nathan,
hatte der Tempelherr Recha dem sicheren Flam-
mentode entrissen. Im Momente der Gefahr
von Ohnmacht überfallen, war es ihr nicht
möglich gewesen, das Bild des Lebensretters
in Erinnerung zu bewahren, und er vermied
es sorgfältig, ihr nachher zu begegnen. Die
glaubensmächtige Daja bietet nun all' ihre
weibliche Beredtsamkeit auf, um es dem armen
Wesen in den Kopf zu setzen, dass ein Engel
es aus den Flammenfluthen geholt habe. Noch
hat Recha den Schrecken nicht ganz über-
wunden, in ihrer Stimmung zittern die Wir-

kungen der überstandenen Gefahren nach, darum erliegt sie der Ueberredungskunst Dajas.
Ihrem dankbaren Herzen thut es ohnehin wol,
den Retter hoch zu erheben und höher zu
stellen als alle übrigen Sterblichen. Der Dankbarkeit steht es an, unkritisch zu sein. „Die
Kritik der Wohlthat wird leicht zur Vorrede
des Undanks.“ Nathan selber habe ihr ja die
Möglichkeit gelehrt, dass Engel sind, dass Gott
zum Besten derer, die ihn lieben, auch Wunder
thun könne. Sie aber liebt ihn von ganzem
Herzen. Recha ist nicht gewohnt, einen Gedanken, den sie einmal in sich aufgenommen, leichten Kaufes wieder preiszugeben; allgemeine
Urtheile können noch weniger ihre Ueberzeugung zum Wanken bringen, und sie weiss mit
grossem Scharfsinn selbst gegen Nathan ihren
Engel zu vertheidigen. Wie er nun sein miss-
leitetes Kind mit aller Schonung und Nachsicht
zu belehren, von der Wunder- und Engel-
schwärmerei so gründlich zu heilen weiss, zeigt
er sich als Muster pädagogischer Kunst und
Freiheit. Zunächst lässt er ihr den Engel:

„Recha wär' es werth

„Und würd' an ihm nichts Schöneres seh'n,

       als er

„An ihr.“

Nur der Möglichkeit, der blossen Möglichkeit

muss immerhin Erwähnung geschehen, dass
dieser Engel vielleicht doch ein Mensch, ein
Tempelherr war. Das Wunder würde an Wun-
derbarkeit und Glanz eher dabei gewinnen,
denn irgend eine Einbusse erleiden. Musste
dieser Tempelherr doch selber erst durch ein
Wunder, und fürwahr kein geringes, dem
Schwerte Saladin's entkommen! Saladin, welcher nie eines Tempelherrn, der sein Leben
verwirkt hatte, geschont, von dem nie ein
Tempelherr geschont zu werden verlangte,
liess sich zu dem Unerhörten herbei, um einer
entdeckten Aehnlichkeit willen.

„Sich' eine Stirn' so oder so gewölbt:

„Der Rücken einer Nase so vielmehr

„Als so geführet: Augenbrauen die

„Auf einen scharfen oder stumpfen Knochen

„So oder so sich schlängeln: eine Linie,

„Ein Bug, ein Winkel, eine Falte, ein Mal,

„Ein Nichts, auf eines wilden Europäers

„Gesicht — und du entkommst dem Feu'r
in Asien.

„Das wär' kein Wunder, wundersichtiges
Volk?

„Warum bemüht Ihr denn noch einen Engel!"

Die einzigen, die grössten Wunder sieht
Nathan in den naturgemässen Fügungen, in
jenen oft räthselgleichen, geheimnissvollen Ver-

kettungen und Verschlingungen, jenen Irrge-
winden, durch welche die waltende Hand Gottes
die Geschicke der Einzelnen nach einem ewigen Plane unablenkbar hinschlingt. Den mas-
siven und niedern Wundern aber, jenem offen-
kundigen und plumpen Ueberschreiten der
Naturgesetze ist er durchaus abhold. Das erinnert lebhaft an die Mahnung des Deut.: „Wenn
ein Prophet Dinge lehret, welche ausgemach-
ten Wahrheiten zuwider sind, und er seine
Sendung durch Wunder bekräftigt, Wunder
vor den Augen Aller verkündet und eingetroffen,
ihm dennoch nicht zu gehorchen; ja, den Wun-
derthäter zum Tode zu verurtheilen, wenn er
zur Abgötterei verleiten will." Deut. 13, 3—4.
Der Gesetzgeber wird offenbar von dem Gedanken geleitet, dass das wirklich Geschene
noch immer nicht ein geschenes Wirkliche ist.
Seine Einschärfung hat innerhalb des Judenthums eine gewisse Respektlosigkeit vor mas-
siven Wundern traditionell werden lassen, davon selbst der Talmud Spuren aufweist. Nathan
leugnet nicht die Wunder an sich, er fasst sie
blos idealer, geistiger, nicht als plumpes Ueberschreiten der Naturgesetze.

Recha wird schwankend; sie irrt nicht
gern und wenn sie irrt, lässt sie sich gern belehren. Aber die glaubensstarke Daja nimmt,

„wenn sie sprechen darf" für sie das Wort zu
der Bemerkung, dass, wenn die Rettung nun
doch wunderbar war: was schadet's, dass man
gleich an einen Engel denkt, wodurch man
der ersten, göttlichen Ursache der Rettung sich
so viel näher fühlt?

Nathan erklärt ihr zunächst, dass die stolze
Eitelkeit, welche Gott in die eigene, niedere
Sphäre herabzieht, dieses bewusstvolle Ver-
mengen und Vermischen des Göttlichen mit
dem Menschlichen, in welchem sie sich so gern
gefällt,

„Ist Unsinn oder Gotteslästerung! —"
ein Wort, dessen jüdischer Charakter keines
weiteren Nachweises bedarf.

Nathan geht sofort daran ihr den Scha-
den der Wunderschwärmerei bloszulegen. Die
Schärfe seines Geistes, die Feinheit seiner Em-
pfindung, zeigen sich hier in ihrer ganzen
Grösse. Er weist ihr die beschauliche Schwärmerei als Hindernis des wahrhaft frommen Handelns, wie sie sich oft unbewusst der elemen-
tarsten Pflichten der Dankbarkeit sich entledigt.
Denn worin soll unser dankbares Empfinden ge-
genden, welcher mit Gefahr des eigenen Lebens
das unsere gerettet hat, Ausdruck haben? In
Worten? in blossen Worten? Kann das in Wahrheit ein Dank sein? Gewiss nicht. Opfer, die

höchsten und grössten Opfer muss die Dankbarkeit sich abringen, dem Lebensretter zu
Füssen legen, wenn sie von der falschen Dankbarkeit, die mit Worten abfindet, sich unterscheiden will. Allein was könnte man einem
Engel Anderes geben, Anderes bieten, was er
Anderes annehmen, Anderes bedürfen als Worte!
Auch dieser bedarf er nicht, sein Wesen schliesst
jedes Bedürfnis aus. Des Mildgesinnten Spenden,
des Hartherzigen Geiz, ihm sind sie völlig gleich!
Allein, ein Mensch, der leidende, bedürf-
tige, Hilfe verlangende Mensch, welch' reiche-
res Feld opferfreudiger Thätigkeit eröffnet er
einem dankbaren Willen! Hier kann sich er-
proben und offenbaren die aufopfernde Dankbarkeit, der schnöde sündige Undank. Darum
flüchtet die falsche Dankbarkeit so gern zu
Gott, zu dem Engel, nimmt den lieber als der
Rettung einzige Ursache an, um der wahren
und wirklichen Opfer enthoben zu sein.

„Kommt! hört mir zu. — Nicht wahr? dem
Wesen, das
„Dich rettete, — es sei ein Engel oder
„Ein Mensch, — dem möchtet Ihr, und Du
besonders
„Gern wieder viele grosse Dienste thun?
„Nicht wahr? — nun, einem Engel, was für
Dienste,

„Für grosse Dienste könnt ihr dem wol thun?

„Ihr könnt ihm danken, zu ihm seufzen, beten;

„Könnt in Entzückung über ihn zerschmelzen,

„Könnt an dem Tage seiner Feier fassten,

„Almosen spenden — Alles nichts — denn mich

„Däucht immer, dass Ihr selbst und Euer
Nächster

„Hierbei weit mehr gewinnt, als er. Er wird

„Nicht fett durch Euer Fasten, wird nicht reich

„Durch Eure Spenden; wird nicht herrlicher

„Durch Euer Entzücken; wird nicht mächtiger

„Durch Euer Vertrauen. Nicht wahr? Allein ein Mensch!

Es liegt, sagt Kuno Fischer, etwas so
Ergreifendes, so unwiderstehlich Ueberzeugen-
des, für Recha so niederschlagend und beschä-
mend Erhebendes in diesem einfachen Worte
Nathans: „Allein ein Mensch!“

Der Gedanke, welchen der feinsinnige
Dichter seinem Helden in den Mund legt, begegnet uns in genau derselben Einklei-
dung im Buche Hiob 35, 5.

„Du wendest Dich gegen den Himmel und
siehst hinauf,

„Blickst zu den Wolken hoch über Dir,

„Wenn Du sündigst, was wirkst Du auf ihn?

„Mehren sich Deine Missethaten, ihm was
thut's?

„Wenn Du Gutes übst, was kannst Du ihm
geben?

„Was könnte er von Deiner Hand denn nehmen?

„Allein einem Menschen — dir gleich,

„Ihm gilt dein Wohlthun,

„Gegen den Erdensohn dein Sündigen!"

Gerade hier zeigt sich, dass dem Genius
des grossen Dichters das jüdische Wesen, das
jüdische Denken, bis auf seine feinsten Wen-
dungen und Ideenverbindungen intuitiv, gleichsam divinatorisch, sich offenbart hat.

Nathan begnügt sich mit der blossen
theoretischen Auseinandersetzung nicht, er will
an dem Faktum selber, unter dessen Einfluss die
Schwärmerei entstanden, deren Schädlichkeit
erweisen. Der Tempelherr hat sich seit zwei Tagen unter den Palmen nicht mehr blicken lassen
und sie haben sich um ihn nicht weiter gekümmert.

„Da sich

„Nun was es schad't. Grausame Schwärme-
rinnen!

„Wenn dieser Engel nun — nun krank geworden. Er ist

„Ein Franke, dieses Klima's ungewohnt!

„Ist jung! der harten Arbeit seines Standes,

„Des Hungerns, Wachens ungewohnt;

„Nun liegt er da, hat weder Freund, noch Geld

„Sich Freunde zu besolden;

3

„Liegt ohne Wartung, ohne Rath und
Zuspruch,
„Ein Raub der Schmerzen und des Todes da.
„Er, der für Eine, die er nie
„Gekannt, gesehen — genug es war ein
Mensch —
„In's Feu'r sich stürzte;
„Der, was er rettete, nicht näher kennen,
„Nicht weiter sehen mocht, um ihm den Dank
„Zu sparen; weiter
„Auch nicht zu sehen verlangt, es wäre denn
„Dass er zum zweitenmal es retten sollte, —
„Denn genug, es ist ein Mensch . . . . .
„Der, der hat sterbend sich zu laben Nichts
„Als das Bewusstsein dieser edlen That!"-

So entzückend versteht Nathan das edelste Selbst in Recha, ihr Mitleid, ihre Theilnahme am Unglück zum Kampf zu wecken, gegen die kleine Schwäche, der sie erlegen war; alle Geister der wahren, echten Dankbarkeit in ihr zu entzünden, dass diese selbst gegen die Schwärmerei einer missverstandenen und schlaffen Dankbarkeit sich wenden.

Vor diesem Bilde bricht Recha zusammen, vor solchen Gefahren ihrer Leichtgläubigkeit muss sie in ihrem Innern erzittern. Während sie vom Engel träumt, lässt sie den Menschen verderben; während sie ihn in ihrer

Fantasie bis in die himmlischen Sphären er-
hebt, verschmachtet ihr Lebensretter hilflos in
einem elenden Winkel.

Nathan richtet sie wieder auf:

„Es ist Arznei, nicht Gift, das ich dir reiche.

„Er lebt, — komm! zu dir — ist auch wohl
nicht krank;

„Gewiss nicht todt! denn Gott lohnt Gutes, hier
„Gethan, auch hier noch."

Diesem Satze, dessen ausgeprägter alt-
testamentlicher Charakter Jedem sofort er-
kenntlich, der je in ein alttestamentliches Buch
einen Blick gethan, folgt eine andere, nicht
minder bedeutsame Lehre voller Weisheit:

„Begreifst du aber

„Wieviel andächtig schwärmen leichter, als

„Gut handeln ist? Wie gern der schlaffste
Mensch

„Andächtig schwärmt, um nur — —

„Um nur gut handeln nicht zu dürfen."

In diesen Worten prägt sich der ganze
Charakter Nathan's, insonderheit das Jüdische
seines Charakters kurz und klar aus.

Bei allem Festhalten am Idealen, bei dem
ununterbrochenen Kämpfen, Leiden und Dulden
für einen blossen Gedanken: wo finden wir
die unfruchtbare Beschaulichkeit, die entner-
vende, alle Geisteskräfte lähmende Schwär-

3*

merei weniger heimisch als [bei den Juden?
Das Judenthum dankt dies eben so sehr seiner
auf das Praktische gerichteten Natur, als der
Eigenart seiner Religion, die alle übersinnlichen
Spekulationen, jeden nebelhaften Mysticismus
ausscheidet. Die jüdischen Religionsschriften
werden nicht müde, den Grundsatz zu wieder-
holen, dass „nicht die fromme Lehre,
sondern das fromme Handeln, Ziel
der Religion" sei. An den Willen und die
Thatkraft wendet sich das Gesetz; sein Ge- und
Verbot, seine Belohnung und seine Strafe hat
einzig des Menschen Thun und Lassen, nicht
sein Denken und Meinen, zum Zielpunkt. Die
Religion weist den Juden auf die Welt und auf
das Leben hin, wo sie ihm Aufgaben stellt
und Pflichten auflegt. Darum konnte die Welt-
entfremdung, die Weltflucht, ein hervorstechen-
der Zug des Klosterbruders, der täglich an
hundertmal auf Tabor sich sehnt, und Al Hafis,
der blos am Ganges Menschen findet — davon
selbst der Tempelherr ein wenig angehaucht ist,
kurz die Menschenscheu, welche am liebsten in der
verborgensten Einsamkeit ihrem Grübeln und
Nachdenken leben möchte, die aus dem leb-
haften Leben in die engen Zellen der Andäch-
telei sich flüchtet, so wenig bei Juden Neigung
erwecken, und wo sie einmal als Mystik inner-

halb des Judenthums aufgetreten, auf seinem
Boden nicht verharren. Religionstreue oder
Religionseifer heisst in der Sprache des Judenthums nicht: gewisse Gedanken im Herzen bewahren, in dieselben die Seele versenken. Denn
es bietet seinen Bekennern überhaupt keine
Lehren von oder über Gott, es schärft vielmehr mit aller Eindringlichkeit ein, vom höchsten Wesen k e i n e B e g r i f f e und k e i n e V o r-
s t e l l u n g e n sich zu bilden. „Denn ihr habt keine
Gestalt gesehen, am Tage, da der Ewige re-
dete zu Euch am Horeb.“ Deut. 4, 15.

Herzensfrömmigkeit und Gottergebenheit
hat ihren Schwerpunkt in der G e s i n n u n g,
n i c h t i n d e m G e d a n k e n. Recha spricht
darum echt jüdisch:

„Soviel tröstender

„War mir die Lehre, dass Ergebenheit

„In Gott, von unserm Wähnen über Gott

„So ganz und gar nicht abhängt.“

V.

Nathan ist kein F r e i d e n k e r, sondern
ein R e c h t d e n k e r. Eine Duldung, welche, sei
es aus dünkelhafter Abneigung und Gering-
schätzung, oder aus Scheu vor Konflikten mit
der Beschränktheit, von der grossen Masse der
Niedrigstehenden verachtungsvoll sich zurück-

zieht, steht der echten Humanität nicht näher,
als der Freigeist, den die Entrüstung über die
Unduldsamkeit und den Fanatismus der Menschen, selber bis zur Unduldsamkeit, bis zum
fanatischen Eifer treibt. Das Charakteristische
an der Toleranz Nathan's ist, dass sie auch
gegen die Intoleranz geübt wird, nicht
aus Gleichgültigkeit und Schlaffheit, sondern
gemäss ihrem innersten Wesen: dass er der
Unduldsamkeit Duldung gewährt, sie nicht von
sich fortstösst als etwas Niederes und Gemei-
nes, sondern ihr Recht als menschliche Meinung und Ueberzeugung zu achten und ihren
sittlichen Kern herauszufinden bestrebt ist.

Es war ein sinniger Zug vom Dichter,
dass er in Daja den Glaubenshochmuth auch
in einer dienenden Stellung bei Nathan, gleichsam unter dem Schutz der humanen Toleranz,
vorgeführt hat. Daja ist ein Typus der ordi-
nären, engherzigen und eitlen Frömmigkeit:
das Bewusstsein ihres „Werthes als Christin"
verlässt sie keinen Moment, so wenig sie vergessen kann, dass „ihr lieber Ehegemal ein
edler Knecht war in Kaiser Friedrich's Heer".
Den „Juden" Nathan sieht sie tief unter
sich. Sie ist Dienerin, aber sie fühlt sich doch
eine halbe Herrin in seinem Hause: als Wäch-
terin des Christenkindes Recha, um dessen

Seelenheil sie in ewiger Angst lebt. Der Ge.
danke, dass das Christenkind ein Juden-
kind bleiben könnte, lässt ihr keinen Moment
Ruhe, hält sie in immerwährender Bekümmer-
nis. Allein diese rührende Besorgnis für Recha,
an der sie mit aller Liebe und Hingebung hängt,
für die sie Alles zu thun bereit ist, flösst
Nathan Achtung ein, hat ihr die Zuneigung
Recha's gewonnen, die ihr wegen dieser An-
hänglichkeit ihre Bekehrungsversuche gerne
nachsieht.

Fürsorge und opferwillige Theilnahme für
die, welche, wenn auch nur in dienender Stellung, dem Hause angehören, zählt zu den Merk-
malen des jüdischen Familiensinns. Die heiligen
Nationalschriften der Hebräer erachten es nicht
für zu gering, von dem Ableben einer Amme
der Erzmutter Rebbecka zu erzählen, den Ort
ihres Begräbnisses anzugeben. Im Hause Jacobs,
in welchem sie, die Amme seiner Mutter, seine
Kinder hat pflegen helfen, und die höchste
Ehrerbietung genossen, verursachte ihr Tod
eine grosse und allgemeine Trauer. „Man be-
grub sie unter einer Eiche, nahe Bethel, und
nannte sie „Weinen-Eiche". Gen. 35, 8. „Ich
wollte," sagt ein unparteiischer Beobachter des
jüdischen Familienlebens,[1] „dass die nicht-

---

[1] Dr. Josef Kolkmann, kgl. preuss. Kreisrichter,

jüdischen Dienstboten Zeugniss ablegen könnten
für die Güte und Liebenswürdigkeit, mit welcher sie in jüdischen Familien behandelt werden."

Daher die bewunderungswürdige Geduld
und Nachsicht, welche N a t h a n gegen D a j a 's
recht unbequemen Gotteseifer, ihre Bekehrungs-
wuth, ihr ewiges Lamentiren von ihrem un-
ruhigen Gewissen, an den Tag legt. Da er sie
einmal in sein Haus aufgenommen und sie ihm
die geliebte Tochter hat pflegen helfen, über-
sieht er gern ihre Schwächen. Kann sie einmal
ihr Gewissen nicht beschwichtigen, dann erzählt er ihr vor allen Dingen, was sie gerne
hört, von dem schönen Stoff, den er in Babylon
für sie gekauft

„So reich und mit Geschmack so reich.
                                            Ich bringe
„Für Recha selbst keinen schönern mit."

Ist ihr Gewissen noch immer nicht zur

_____ _____

in der Schrift: „Die gesellschaftliche Stellung der Juden."
Löbau 1876. S. 32. ff. Er erzählt, unter anderm, wie
ein junger, jüdischer Gymnasiast in den Winterferien
heimlich einer armen, christlichen Instmannsfrau, seiner
früheren Amme einen Weihnachtsbaum aufgeputzt habe.
Derartige Züge sind im jüdischen Leben fast alltäglich:
„Aber ich habe mich gefragt," fügt Kolkmann hinzu, „o b
wir Christen unbefangenen Sinnes genug
wären, uns zu e i e r ähnlichen Handlungsweise gegen
einen Juden oder Heiden aufzuschwingen?"

Ruhe gebracht, erzählt er ihr weiter, von den
Spangen und den Ohrgehängen, oder von Ring
und Kette, die er in Damaskus ihr ausgesucht.
Das übt auf ihr Gewissen einen mächtigen Reiz
und eine betäubende Wirkung aus.

Waren für Nathan edle humane Motive
massgebend, die alte Daja nicht zu verstossen,
so kann diese dagegen schwer den Verdacht
beseitigen, dass es weniger ihre selbstlose Liebe
für Recha, als die Freigebigkeit Na-
than's, was sie an das Haus des Juden so lange
gefesselt hat. Nicht umsonst hat es sie so oft
gewundert, dass das Volk „ihn den weisen
Nathan nennt und nicht vielmehr den reichen.
Vor Allem aber hätt's ihn den Guten nennen
müssen." Da er nun reich und gut, sieht
sie ihm — wenn auch schweren Herzens —
sein Judenthum nach.

VI.

Nathan's Freigebigkeit hat der
Dichter an vielen Stellen scharf betont, durch
mancherlei schöne Züge gekennzeichnet. Diese
Seite seines Charakters prägt sich auch in dem
Namen Nathan aus, hat den Dichter zur Wahl
desselben bestimmt. In erster Reihe war es
allerdings eine interessante historische Reminis-
cenz, die Lessing beeinflusste. Von einem

Propheten Nathan, einem der freimüthigsten
und weisesten, erzählen die biblischen Geschichts-
bücher, dass er der vertraute Freund des Kö-
nigs David, welcher in allen wichtigen An-
gelegenheiten seinen Rath befragte.[1] Als David sein Doppel-Verbrechen gegen Uria ver-
übt hatte, war es Nathan, der dem Könige in
einer denkwürdigen Unterredung, durch eine
klug erdachte Fabel, die er ihm vor-
trug, die Schwere seines Vergehens, die Grösse
seiner Missethat zu Bewusstsein geführt, ihn
vor Allem zu aufrichtiger und gründlicher Busse
bewogen hat.[2]

Neben dieser historischen Erinnerung,
welche sich an den Namen „Nathan" knüpft,
dürfte aber auch der Dichter den sprachlichen
Gehalt des Wortes als von Bedeutung erach-
tet haben. „Nathan" heisst der „Gebende," der
„Freigebige". Wolthätigkeit, sagen die Talmudisten, ist der Brennpunkt aller göttlichen
und menschlichen Pflichten,[3] ersetzt Tempel
und Altar.[4] „Erbarmen und Wolthun sind
Stammesmerkmale der Nachkommen Abra-
hams."[5] Wessen Charakter diese Merkmale

[1] 1 Könige 1, 27 ff.
[2] Samuel c. 12.
[3] Baba Bathra 9.
[4] Das. 10.
[5] Jebamoth 79.

vermissen lässt, ist ein wahres Kind dieses Stammes nicht. „Wenn Du dem Hungrigen spendest, das gebeugte Gemüth labest, so wird im Finstern dein Licht erglänzen, das Dunkel dir Mittagshelle werden." Jes. 58, 10 ff.

Die Macht und die Reinheit der Erkenntnis, die Erhabenheit der Toleranz, weiss der stumpfe Geist, die niedere Einsicht kaum zu würdigen; die Hochherzigkeit aber, die sich in der thätigen Menschenliebe, im Geben offenbart, sieht auch das blöde Auge. Für den Gesinnungsadel, für die Geistes- und Charaktergrösse Nathan's hat Daja kein Wort der Anerkennung; ihr vom Glaubenswahn umschleiertes Auge vermag solche Zartheiten kaum zu unterscheiden, aber seine „Grossmuth", die schrankenlose Freigebigkeit, ringt ihr wiederholt Bewunderung ab. Dieses primitive, gleichsam vom Instinkt eingegebene Urtheil, welches in der Mildthätigkeit den sichersten Gradmesser findet für die sittliche Beschaffenheit, ist kein ungegründetes. In der Art, wie Jemand von seiner Habe gibt, gibt er sich selber. Auch die Rabbinen erklärten „den Geldbeutel"[1] für den untrüglichsten Verräther des innersten Empfindens. Nach der Fähigkeit des Gebens

---

[1] Erubin 65.

kannst Du getrost die Grundrisse Dir zeichnen
zum Charakterbilde jedes Menschen. „Nathan"
ist somit ein stolzer, sinnvoller Name, eine Be-
zeichnung für Gesinnungs- und Herzensadel.

Bei den alten Agadisten findet sich die
sinnige Bemerkung, dass Nathan zurückgelesen
Nathan lautet: denn jedes Geben ist mit
einem Empfangen verbunden. Wer einem Armen
eine Gabe austheilt, erhält als Lohn das Bewusstsein einer edlen That. Er empfängt oft
so mehr als er gibt. Das Charakteristische an
der Freigebigkeit Nathan's ist, dass er gern
und mit solchem Eifer und solcher Lust zu
geben strebt, wie die Habsucht, der Geiz
zu nehmen. So schildert ihn Al Hafi vor
dem Sultan:

„Da seht nun gleich den Juden wieder,
„Den ganz gemeinen Juden. — Glaubt mir's
doch!

„Er ist auf Geben Euch so eifersüchtig,
„So neidisch! Jedes Lohn von Gott, das in
„Der Welt gesagt wird, zög er lieber ganz
„Allein."

Seine Wolthätigkeit erstreckt sich auf alle
„Doch ganz so sonder Ansch'n, Jud und
Christ,

„Und Muselmann und Parsi, alles ist
„Ihm eins."

In völliger Uebereinstimmung mit der
herrlichen Lehre der Rabbinen in der Tosefta:
„Man soll heidnische Arme gleich
jüdischen speisen.“

Milde gegen Arme und Unglückliche gehört zur Natur des Israeliten; nicht nur Glau-
bensgenossen, sondern jeglichem Menschen zeigt
er ein weiches Herz und eine offene Hand;
selbst der Unbemittelte legt sein Scherflein auf
den Altar der Liebe für den, der noch dürf-
tiger ist, und wo hätte jemals Einer — und
wäre es gleich ein Christ, der an die Thür
eines Israeliten anklopfte um winziges Almosen,
die unwilligen, gabeweigernden Worte ver-
nommen: „Hier wohnt kein Christ“?

VII.

Recha selber ist keine Jüdin. Nathan hat sie als Waisenkind in sein Haus aufgenommen und sie mit aller Liebe erzogen.
Als die schönste, erhabenste That der Menschenliebe preist der Midrasch die Erziehung und
Pflege eines Waisenkindes. „Wer ein solches
in sein Haus aufnimmt, bringt Heil in sein Haus;
denn er übt eine „immerwährende“ und „ewige“ Wolthat;“ weil die Menschenliebe sich
hier sowol bei Tag durch Pflege des Körpers
und Bildung des Geistes, als auch bei

Nacht durch sorgsame Ueberwachung des Kindes äussert: das letzte, weil das fromme Werk vor Allem für das gerettete Menschenleben von entscheidender und dauernder Bedeutung bleibt.

Zur ärgerlichen Verwunderung Daja's nennt Nathan das Christenkind immer „seine Recha". Mehr als alles andere „was Natur und Glück ihm zugetheilt", ist sie sein.

„Dies Eigenthum allein

„Dank ich der Tugend."

Von einem frommen Krösus erzählen die Rabbinen, dass er den grössten Theil seines Reichthums an Arme vertheilte — um ihn in Sicherheit zu bringen! Nun erst, meint er, sind die Schätze in Wahrheit sein, sein eigenstes Eigenthum geworden; weder Naturgewalten, noch des Geschickes wunderliche und launige Zufälle können sie ihm nunmehr entreissen.[1])

Nathan hat auf Recha ein noch höheres, edleres Recht; er ist in der That ihr Vater: bleibt es, selbst wenn er in den Augen der Welt aufhören würde „es zu heissen".

„Macht denn nur das Blut

„Den Vater? Nur das Blut?"

„Wer dem Kinde eines Anderen Unter-

---

[1]) Jerusch. Pea I.

richt ertheilt, seinen Geist bildet, seine Kennt-
nisse vermehrt, seine Anschauungen erweitert,
macht es dadurch zu seinem eigenen Kinde:"
(Jalkut zu Exod.) „wird sein Vater, sein
Schöpfer, denn er gibt ihm nicht weniger
als der Schöpfer, mehr als der Vater." (Tosefta Horioth.)

Dennoch hielt Nathan nicht darauf,
dass Recha Jüdin würde. Von christlichen
Eltern geboren, wurde bei ihrer Erziehung
alles Positive abgestreift und nur jene Grund-
sätze einer Vernunft-Religion ihr gelehrt, welche
Gemeingut Aller theils schon sind, theils zu
werden die Bestimmung haben. Durfte Nathan
als gesetzestreuer Jude solches gestatten?
Erscheint er nicht skeptisch, kalt, indifferent
gegen seine Religion, da er die geliebte Tochter,
deren Seelenheil zweifellos ihm am Herzen gelegen, nicht in die jüdische Glaubensgemein-
schaft aufnimmt?

Die Frage; wie etwa ein christlicher
Nathan, welcher eine jüdische Recha an Kin-
desstatt annimmt, nach den Vorschriften seiner
Religion, so er als ihrer Getreuen Einer an-
gesehen sein will, die Taufe, den Glauben an
Christum als Bedingungen des Heils und der
Seligkeit verehrt, in solchem Falle gehandelt
hätte, nach innigster Ueberzeugung hätte han-

deln müssen? — diese Fragen überlassen wir
Jenen zu entscheiden, welche dem Dichter es
nicht verzeihen können, dass Nathan nicht Christ
geworden. Hier wollen wir das Urtheil der
„glaubenstreuen Synagoge" über dieses Factum
vernehmen, uns klar werden, ob jenes Verhalten den Grundsätzen der Religion gemäss war
oder nicht?

Nun, die orthodoxe Synagoge, an welche
Kuno Fischer appellirt, hat selbst an diesem Verhalten Nathans nichts zu tadeln, ge-
schweige als unjüdisch zu korrigiren. Dem
Dichter war das wol bewusst, denn es konnte
kaum seine Absicht sein, noch hätte es seines
Freundes Mendelssohn's freudige Billigung
und Anerkennung gefunden, Nathan in Konflikt
zu seiner Religion zu bringen. In der That wird
weder in den jüdischen Religionsschriften Bekehrung der Nichtjuden zur jüdischen Religion als
gottgefällig oder gar als religiöse Satzung emp-
fohlen; noch konnte die innige Vaterliebe Nathan's dazu Ursache sein, da nach jüdischer
Lehre die ewige Seligkeit nicht als ausschliess-
liches Gut ihrer Bekenner zu erachten ist.

Nathan kann für sein Verhalten klassische Zeugen citiren. Die zwei Moabi-
terinen Ruth und Orpa, von denen das
reizende biblische Idyll so anmuthig erzählt,

waren Gattinen jüdischer Ehegemale; und die
Liebe „womit der Schöpfer Mann und Männin
ausgestattet,“ führte nicht einmal zu diesem
Versuche, sie für das Judenthum zu gewinnen.
Nach dem Tode der Männer forderte die Schwie-
germutter Naëmi die beiden Schnüren auf, „zu
ihrem Volke, zu ihren Göttern zurückzukehren.“
Anfänglich weigerten sie die Rückkehr, aber
Naëmi wiederholte dreimal immer drin-
gender und dringender ihre Mahnung; bis
endlich die eine, Orpa, sich dazu entschliesst, nur
Ruth bleibt standhaft. Weder verwandtschaftliche
Liebe, noch Religionseifer hatten den Versuch
einer Bekehrung unternommen, und die heilige
Schrift erzählt das Ereignis ohne jeden Tadel.
Der Magistrat zu Frankfurt a. Main hatte Nathan
zur Aufführung wie zur Lektüre bei strenger
Strafe verboten, von dem Tribunal der recht-
gläubigen Synagoge hätte das Drama solches
nicht zu befürchten; die Synagoge hat das
Buch Ruth, gerade wegen seiner Anpreisung
der Toleranz zur Vorlesung am Feste der
Offenbarung bestimmt.

VIII.

Wir gelangen nun zur Hauptscene des Drama's, bei deren Beginn Saladin mit dem gespielten Uebermuth eines gewaltigen und launenhaften Selbstherrschers dem vermeintlichen niedern Geizhals und Wucherer gegenübertritt, um schliesslich bekehrt, ja beschämt, voller Verehrung zu dem wahrhaft göttlichen Weisen aufzublicken, die Hand ihm hinzureichen, mit der Bitte: „Sei mein Freund.“

In einer momentanen Geldnoth fasste er den Gedanken, aus dem reichen Juden Geld per fas et nefas auszupressen, und seine Schwester, die witzige Sittah hat mit weiblicher Schlauheit einen klugen Plan ausgedacht. Er soll den Juden blos um seine Meinung befragen, welche Religion die vorzüglichere sei, welches Glaubensgesetz ihm das bessere dünkt. Die Antwort, sei sie welcher Art immer, muss den Juden blosstellen und verderben.

Nathan erkennt sofort, dass jene Frage nicht der reine Wissenstrieb dem Sultan eingegeben, dass sie nicht ernst gestellt ist. Wie sollte auch das, worüber Saladin mit dem ganzen Abendlande so erbittert ringt, welches die wildesten Geister seit Jahrhunderten entfesselt und entzündet zu einem grausigen Kampfe, unaufhörlich neue Völker auf das Schlachtfeld

treibt, welches jetzt weniger als je zuvor Sache
des Werthes, der Ueberzeugung ist, denn vielmehr der Macht und Herrschaft — von ihm,
dem Einzelnen, Ohnmächtigen und Winzigen
entschieden werden!

„Sultan, ich bin ein Jud-
war Nathan's schnellgefasste, demütig - stolze
Antwort. Der Sinn, welchen Nathan mit diesem
Worte verbindet, kann dreifach sein. Als ein
Ausweichen, Zurücktreten: dem Juden ist der
Inhalt der andern zwei Religionen nicht genug
vertraut, um ein Urtheil abzugeben; oder als
eine Incompetenzerklärung: als Jude ist er
selber zu viel Partei, um Richter sein zu dürfen; oder endlich als eine schnellgesprochene
Entscheidung, ein kurzes und bündiges Urtheil:
„Sultan, i c h bin ein Jud.“ Wir werden sehen,
dass diese Auffassung die einzig richtige. Denn
als Saladin, der nicht geneigt war, sein Opfer
leichten Kaufes aus der Schlinge zu lassen, das
Spiel, „erdacht mit aller Pfiffigkeit und Ge-
wandheit“ einen Geizhals zu fangen, sich zu
verderben, auf eine nähere Begründung des
Judeseins, vor allem auf die Meinungsäus-
serung über seine Stellung zu den a n d e r e n
R e l i g i o n e n dringt, ihm sogar, damit er
seine Antwort genau überlege, einen Augen-
blick Bedenkzeit gönnt und sich entfernt: sehen
4*

wir Nathan sich bedachtsam vorbereiten, aus
der Kreislinie, welche ihm sein Bekenntnis ge-
zogen, nicht herauszutreten, seinem Judenthum
nichts zu vergeben. Nur so ganz „Stockjude“
d. h. fanatisch, intolerant will er nicht scheinen,
ist er auch nicht. Was er sagen will, muss er
als Jude sagen können, sagen dürfen, muss
dem Judenthum gemäss sein, muss im Einver-
nehmen mit dem Judenthum, den Schwesterreligionen Gerechtigkeit lassen.

Nathan ist nun mit sich einig, was
er zu sagen hat; allein wie es sagen? Da
kommt ihm eine Fabel in Gedanken, ob er
sie gehört, oder selbst erdacht, gleichviel —
sie passt genau für seine Situation, ist gut geeignet, den Kampf, welchen man ihm wider-
willig aufgedrungen, auch gewinnen zu lassen.

Ein kleines Vorpostengefecht eröffnet
die Schlacht.

Als Saladin eintrat, erstaunte er nicht
wenig, über die Ruhe Nathan's. Er war des
Glaubens, dem Geizhals einen derben Schrecken
eingejagt zu haben, war vorbereitet, ihn voller
Verlegenheit und Bestürzung zu treffen, und
findet nichts von alledem! Oder soll der schlaue
Jude ihn überlisten wollen! Saladin unterlässt
nicht, im Gewande einer ironischen Schmeichelei,
dessen Falten die verborgene Drohung nur

schlecht verhüllen, ihm nochmals das Bedenk-
liche seiner Situation klar zu machen.

„So gewiss
„Ist Nathan seiner Sache? Ha! das nenn'
„Ich einen Weisen! Nie die Wahrheit zu
„Verhehlen! Für sie Alles auf das Spiel
„Zu setzen! Leib und Leben, Gut und Blut.“

Nathan wird somit die Eventualität vor-
gehalten, für seine Ueberzeugung mit dem Leben einzustehen. Vergessen wir nicht, die Handlung führt uns auf den klassischen Boden der
Märtyrer, in die klassische Zeit des Scheiter-
haufens: nach Jerusalem während der Kreuz-
züge. Um so erwägenswerther ist Nathan's
Antwort.

Die christlichen Märtyrer drängten sich
mit einer Art Wollust zum Kreuze, provocirten
oft selber das düstere Verhängniss. Gegen solchen
glanzumflossenen Tod, dessen Lichtstralen vor
ihrem geistigen Auge des Himmels Höhen und
der Erde Tiefen erfüllten: war das Leben —
ohnehin ein Jammerthal — nur armselig. Auch
die Nachkommen der Makkabäer haben jeder-
zeit für die Religion zu sterben gewusst. Allein
sie suchten, in grösserer Würdigung und Wert-
schätzung des Lebens, dem grausen Zwang
solcher Verhältnisse, so weit nur möglich, aus
dem Wege zu gehen. Ein interessantes Gut-

achten des grossen Maimonides spricht sich in
gleichem Sinne aus. Der Tod für eine Idee ist
süss und glanzvoll: das Leben aber für eine
Idee ist oft mühseliger, dornenvoller und sogar erspriesslicher. Nur dann, wenn es sich
ergibt, dass nur mit vollständiger Verleugnung
der heiligsten Ideen das Leben schmachvoll zu
erkaufen ist, da ist der Tod, weil notwendig,
auch nützlich. Auf Saladins Bemerkung erwie-
dert Nathan:

„Ja ja, wenn es nöthig ist und nützt!"

IX.

Die Fabel von den drei Ringen, welche
Nathan dem Sultan vorträgt, und die unser
Dichter dem Decamerone des Boccaccio ent-
lehnt hat, ward nicht von Lessing und nicht
vom italienischen Dichter zuerst erfunden
und einem Juden in den Mund gelegt. Die
herrliche Fabel ist viel älter, und in mannig-
fachen Gestaltungen verbreitet. Allein in allen
Formen, in welchen sie auftritt, bei Autoren
der verschiedensten Länder, Zungen und Zeiten
vor Boccaccio, ist es immer ein Jude, der die
sinnige Erzählung vorträgt: der tiefgehasste,
verachtete und verspottete Jude, dem die Lehre
der Toleranz, der Freiheit und Gleichheit aller
Culten in den Mund gegeben wird. Eine Grille,

ein boshaftes Spiel, eine witzige Laune des
Zufalls kann das unmöglich sein. In der That
trägt die Fabel offenbar Merkmale des jüdischen
Geistes, jüdischer Gedankenart an sich; diese
allein stellten ihren Ursprung ausser allen Zweifel.
Juden haben sie erfunden, verbreitet und er-
zält; ja das Schewet-Jehuda von Ibn-Verga —
ihre älteste Quelle — nennt den rechtmässigen
Vater dieser Fabel mit Namen, einen spanischen
Juden aus dem 13. Jahrhundert; „Ephraim,
den Weisen".

Und das Judenthum ist ihre rechtmässige
Mutter! Die schöne Fabel, eine kostbare Perle,
aufgefunden im reichen Meere des jüdischen
Schriftthum's, ist nicht allein ein Produkt jüdischen Geistes, sie bringt zum Ausdruck auch einen
ächten und hohen Gedanken des Judenthums.

Der Kampf der Religionen ist ein Bruder-
zwist, bedauerlich und verwerflich. „Haben wir
alle nicht Einen Vater, hat nicht Ein Gott uns
geschaffen? Warum hadert Bruder gegen
Bruder?" Maleachi 2, 10.

Die Brüder hadern. Jeder von ihnen will
nicht allein einen echten, will auch den einzigen
Ring aus des Vaters Hand empfangen haben
und der Richter, ohngeachtet dass er ausser
Stande, sie zu unterscheiden, soll entscheiden.

Saladin lässt das Gleichnis nicht gelten.

Die Religionen wären wol zu unterscheiden, bis
auf die Kleidung, bis auf Trank und Speis'·
Da zeigt ihm Nathan mit einem einzigen Worte
die natürliche Glaubensquelle, aus welcher alle
Religionen ihre Lebenskraft schöpfen, und hier
gerade, wo die Unterscheidung von Werth und
Nutzen wäre, sind sie nicht zu unterscheiden:

„Denn gründen sich nicht Alle auf Geschichte?
„Geschrieben oder überliefert! Und
„Geschichte muss doch wol allein auf Treu'
„Und Glauben angenommen werden? Nicht?
„Und wessen Treu' und Glauben zieht man denn
„Am wenigsten in Zweifel? Doch der Seinen?
„Doch deren Blut wir sind? — — —
„Wie kann ich meinen Vätern weniger
„Als Du den Deinen glauben? oder um-
                                          gekehrt:
„Kann ich von Dir verlangen, dass Du Deine
„Vorfahren Lügen strafst, um meinen nicht
„Zu widersprechen?"

Die Glaubenstreue hängt auf das
innigste zusammen mit der Familienliebe,
der Altar mit dem Herd. Nathan erklärt
sich für den Glauben der Väter. Dieses Wort
greift tief in die Seele Saladin's, der selber so
zärtlich den Seinen in Liebe anhing. Bedarf
es aber einer Rechtfertigung, dass der Dichter
solche Gedanken gerade dem Juden in den

Mund legt? Bildet nicht der zarte Familiensinn,
die innigste Familienliebe den Grundzug im
Charakter des jüdischen Stammes, dessen Söhne
Alles mit dem Familienauge angeschaut haben?
Auch der Gedanke, dass Glaubenstreue erst durch
Familientreue bedingt wird, ist seit uralten
Zeiten Gemeingut unseres Volkes. Nathan
wiederholt eigentlich nur, was er im jüdischen Gotteshause täglich Morgens und Abends
als Gebet und Bekenntnis vor Gott ausgespro-
chen. Als Moses den Israeliten in Aegypten
seine hehren Botschaften überbrachte, versäumte
er nie, sie daran zu erinnern, dass sie von dem
Gotte ihrer Väter, zu welchem Abraham, Isaak
und Jacob gebetet hatten, an sie gesandt werden.

David ermahnt seinen Sohn: „Erkenne
den Gott Deines Vaters und diene ihm.“
1 Chron. 2, 8. Wenn der Israelit im Gebet an
den Schöpfer und Erhalter des All's sich wendet, redet er ihn an: „Unser und unser
Väter Gott“. Nicht, wie Unkenntnis uns oft
angedichtet hat, weil wir von einem National-
gott träumen, sondern weil für Glaubenswahr-
heiten es kein anderes und kein schöneres
Zeugnis gibt, als das Zeugnis derer, „deren Blut wir sind, die von Kindheit an uns
Proben ihrer Liebe gegeben haben.“

X.

Die Erzälung, welche der Dichter dem
Decamerone entnommen hat, ist nicht eine blosse
Uebersetzung. In ihrem besten, schönsten Theil
ist sie Lessing's eigenstes Werk. Im Decamerone ist der Ring nur ein Schatz, er sichert
dem Eigner Erb- und Herrschaft des Hauses;
bei Nathan hat der Ring ausserdem noch eine
höhere Bedeutung: „Die geheime Wunderkraft, vor Gott und Menschen wolgefällig zu
machen, wer in dieser Zuversicht ihn trug.“

Feinsinnig gibt uns der Dichter einen
Massstab in die Hände, zur Beurtheilung unserer eigenen sittlichen Handlungen. Was ist
Tugend was Laster? Streiten nicht Vergötte-
rung und Verkezerung oft um ein und dieselbe
That? Dort ist etwas bewundertes Heldenthum,
das unsterblichen Ruhm bringt, und hier wird
ihm das Brandmal fluchwürdigen Verbrechens
aufgedrückt. Dort vernimmt man grausenerregend
durch Gluten und Rauchsäulen brennender
Holzstösse die todesröchelnden Entsetzensrufe
der Menschenopfer, welche um Rache schreien
zum blauen Himmel hinauf: mit ihnen erklin-
gen die heiligen Lieder der Opferer, dass der
Gott oben wolgefällig ansehe die That, voll-
bracht in glühender Begeisterung für seinen

heiligen Namen. Das vielberufene Gewissen ist demnach auch ein schlechter Ratgeber. Man sollte meinen, es müsse der Märtyrer sich von dem Würger so kenntlich unterscheiden, wie der Himmel von der Hölle! Dennoch rechnen sie beide auf Seligkeit für ihre Grossthat: haben sie sie unternommen und vollführt im Namen der göttlichen Liebe! Woran erkennen wir nun unzweideutig und bestimmt die wahre Tugend? N a t h a n sagt: sie „hat die geheime Wunderkraft vor Gott und Menschen angenehm zu machen." Nicht G o t t e s allein, sie muss auch der M e n s c h e n L i e b e sich erwerben; was dem Menschen Wehe bereitet, muss Gott misfallen, kann die wahre Tugend nicht sein.

Auch hier ist dem Juden nur gegeben, was des Juden ist. Diese Erklärung der Tugend ist altes jüdisches Eigenthum.

„Dass Liebe und Treue dich nie verlassen, „binde sie um deinen Hals, schreibe sie auf „die Tafel deines Herzens, auf dass du Gunst „findest und Wolgefallen in den Augen Gottes „und der Menschen." Sprüche Sal. 3, 3. Rabbi Chanina sagt: „Was angenehm ist bei den „Menschen, hat Wohlgefallen bei Gott; was aber „n i c h t wolgefällig den Menschen, hat kein „Wolgefallen bei Gott." Sprüche d. Väter 3, 13.

Die Worte der Schrift: „Uebe das Rechte
und das Gute", Deut. 6, 18. erklärt R. Akiba:
„Das Gute in den Augen Gottes, das Rechte
in den Augen der Menschen": R. Ismaël dagegen:
„Das Rechte in den Augen Gottes, das Gute
in den Augen der Menschen," Tosetta Sche-
kalim II, 3.

Wenn ein anderer Lehrer das Gewissen eines jeden Menschen als Richterin aner-
kennt über das Gottwohlgefällige, so macht er
gleichzeitig den Character der Tugend abhän-
gig von der Uebereinstimmung des eigenen Gewissens mit dem Gewissen der Ge-
sammtheit. „Gestalte deinen Wandel, lehrt
er, dass er deine eigene Anerkennung verdient,
und die Anerkennung deiner Mitmenschen findet." Sprüche der Väter II, 1.

Hier haben wir die geheime Kraft des
Ringes wörtlich mit unserem Dichter überein-
stimmend beschrieben. Nicht minder lautet es
ganz wie vom Geiste Nathan's inspirirt, wenn
als das: „Was dem Menschen Gott und das
Jenseits zu Eigen macht, Liebe, Brüder-
lichkeit, Ehrfurcht, Friedfertigkeit,
Wahrhaftigkeit, Demut und Beschei-
denheit" genannt werden, Tana debe Elia
rabba 25.

Der Richter gewinnt so eine Handhabe,

wenn auch nicht den Streit zu schlichten, doch
den Streitenden den weisen Rath zu ertheilen:

„Es strebe von Euch jeder um die Wette
„Die Kraft des Steines in seinem Ring an Tag
„Zu legen! Komm dieser Kraft mit Sanftmut,
„Mit herzlicher Verträglichkeit, mit Wolthun,
„Mit innigster Ergebenheit in Gott
„Zu Hilf."

Liebe erntet nur, wer sie säet und reichlich
säet. (Hosea 10, 12.)

„Der Jünger der Religion," sagt R. Maïr
(Sprüche d. V. 6, 1) nach einem Ausspruch
älterer Lehrer (das. 6, 6) heisst „Freund und
Liebling," weil auch er „Gott und Menschen
liebt, Gott und Menschen erfreut." Nathan
zurückgelesen lautet Nathan. Bei der Liebe
vor Allem ist Geben ein Empfangen. Wer die
meiste Liebe empfängt, weil er die meiste gegeben, der hat seinen Wandel vor Gott bewährt,
bei dem hat die Kraft des Steines in seinem
Ringe sich geäussert. Die menschliche Meinung
ist zum Tadel, zur Verkleinerung des Ver-
dienstes geneigter denn zu Lob und Preis;
wo man aber der ehrenden Billigung allgemein
sich nicht erwehren kann: da ist der sittliche
Gehalt unbestreitbar zuverlässig.

„Und wenn sich dann der Steine Kräfte
„Bei Euren Kindes-Kindes-Kindern äussern:

„So lad' ich über tausend-tausend Jahre
„Sie wiederum vor diesen Stuhl. Da wird
„Ein weiserer Mann auf diesem Stuhle sitzen,
„Als ich und sprechen: Geht! — So sagte der
„Bescheidene Richter."

Der Richter, der bescheidene, verweist die Streitenden auf eine erleuchtete Zukunft, ermuntert sie, dieser vorzuarbeiten, durch Demut, durch Selbstverleugnung die Echtheit ihres Ringes an Tag zu legen. Es bezeuge Jeder durch Adel in Gesinnung und That die Wahrheit seiner Lehre. Er gibt ihnen ein zuverlässiges Kriterium in die Hand: Der von ihnen am meisten geliebt wird, dessen Ring ist der echte!

Allein wer die Herzen der Brüder bezwungen, ihre Liebe sich gewonnen, muss eine gleiche ihnen entgegengetragen haben; dann ist der Andere ebenso geliebt, als er! Gut, dass sie dann nicht streiten, keinen Richtspruch, keine Entscheidung mehr verlangen; denn die Wahrheit, das väterliche Geheimnis, wird doch nun und nimmermehr kund werden. — Denn wodurch könnten sie das Räthsel lösen? Womit sollte in Zukunft einer der Brüder einen Anspruch auf Bevorzugung begründen? Etwa dass er der Geliebteste? Das hiesse so viel, dass seine Liebe zum Bruder nicht so gross und nicht so wahr, als dessen Liebe zu

ihm; um wie viel weniger ist dann sein Ring
der echte! Ist aber seine Liebe zum Bruder
die stärkere und innigere, dann ist der Bruder — der Geliebteste!

In Wahrheit wird demnach der echte Ring
nie und nimmer ermittelt werden, und das
Wort „Geht“, welches die Englische Uebersetzung auffallender Weise ausgelassen, spricht
der „bescheidene Richter“ nicht blos für sich;
auch der „weisere Richter“ wird nicht anders
sprechen können.

Nicht den Richterspruch — die Versöhnung wird der grosse Tag der Zukunft
bringen; nicht die Einheit — die Ein-
tracht der Religionsmeinungen ist das Ziel der
Zeiten, dem wir entgegenringen.

XI.

Ein Punkt erübrigt noch zur Erörterung,
dafür ich Ihre Geduld in Anspruch nehmen möchte. Wir wollen die beiden Formen
der interessanten Fabel, wie wir sie zuerst bei
Ibn-Verga im Schewet-Jehuda vorfin-
den, und dann, wie sie zuletzt im Nathan uns
gegenübertritt, vergleichen, und dabei die Bedenken erwähnen, zu welchen die Fabel Anlass gegeben hat. Diese Bedenken kehren sich
gegen die nachtheilige Stellung, das rein un-

definirbare Verhalten des Vaters der drei Brüder in der Erzälung des Decamerone.

Er hat zunächst gegen zwei Söhne sein
Wort nicht eingelöst, ja, er hat sie mit Wissen
und Vorbedacht betrogen. Eine halb unmora-
lische That, welche die fromme Schwachheit,
die der Dichter als mildernden Umstand für
ihn geltend macht, kaum entschuldigen kann.
Warum war der Eigner des Ringes, dazumal
noch des einzigen, nicht geschützt gegen solche
Gott nicht gefällige Verirrung? Es ist auch
mehr als blosse Kurzsichtigkeit, wenn er vor
seinem Tode jedem seiner Söhne, einem früheren
Versprechen gemäss, heimlich einen Ring als
den vermeintlich einzigen, verbunden mit dem
Recht der Erb- und Herrschaft des Hauses,
zugesteckt hat, nicht den verhängnisvollen Zwist
vorauszusehen, den er durch solches Handeln
heraufbeschworen! nicht zu wissen, dass er
durch sein mehr von Schwäche, denn von Liebe
diktirtes Verhalten, Saaten des Hasses, der
Zwietracht in die Herzen der Brüder streut!
dass sie gegenseitig die Beschuldigung des
Betruges, der Täuschung, „des falschen Spieles"
und der „Verrätherei" erheben werden! —
Diese Bedenken kehren sich aber nicht blos
gegen die äussere Technik der Fabel, sie be-
rühren auch ihren Gehalt. Nennen wir das

Problem: Entstehung verschiedener, geoffenbarter Religionen, so sagt die Lösung: Täuschung, Betrug! Zwei Ringe sind gefälscht, echt kann nur Einer sein. Dem können wir offenbar nicht so leicht beistimmen· Dazu ist nicht allein die eigene, dazu sind auch die Schwesterreligionen uns zu heilig! Es ist wol wahr, dass die Menschen mit der Religion oft genug Betrug getrieben haben: dass unter ihrem Mantel scheussliche Verbrechen wider die Menschheit sich versteckt: was haben jedoch die Menschen nicht misbraucht, nicht gefälscht? Den höchsten Ideen der Humanität, ist es ihnen anders ergangen? Sind nicht auch in ihrem Namen Tausende und Tausende edelster Menschen zum Blutgerüst geschleift worden? Wol war das Verbrechen oft schamlos genug, unter die Hut der Religion sich zu stellen; wol wird noch immer mit den süsslichen Worten der Liebe, das Gift des Hasses in die Gemüter der Menschen hinein gegossen, werden die niedrigsten Leidenschaften aufgestachelt: wir Juden wissen ein Lied davon, ein herzzerreissendes Lied. Darum sind die Religionen selber noch immer nicht Produkte klug ausgeführter Fälschungen.

Es ist aber auch nicht · die reine Toleranz, vielmehr eine Art skeptisch gewordenen

5

Intoleranz, welche diese Form der Fabel zur
Schau trägt. Wenn ein echter Ring überhaupt
vorhanden war, so kann es nur ein einziger
gewesen sein. Immer also bleibt der engher-
zige Gedanke der Ausschliesslichkeit und
Einzigkeit erhalten, ist nur Eine Religion allein
seligmachend, allein göttlich und echt: zu einer
Anerkennung der Göttlichkeit jeder Religion
gelangen wir nicht. Wol sucht der Dichter
durch einen klugerdachten Zug dem Gedanken die Gefahren zu benehmen, den Gedanken selber konnte er nicht entfernen; dies
hinderte schon die eigenartige Technik der
Fabel. Der Skepticismus aber, der gleichsam
ein Heilmittel sein soll, ist kaum geeignet, den
Menschen zu den grossen Strebungen, welche
ihm vom Dichter als Aufgabe geworden, anzu-
spornen. Es schwächt vielmehr die Kraft, lähmt
das Wollen und Ringen, wenn der Gedanke
ihn stets begleitet: er sei vielleicht doch nur
ein betrogener Betrüger.

XII.

Wenn aber eine Fälschung gar nicht
stattgefunden hätte und die Religionen wären
allesammt echt, wie dann?

Eine solche Lösung des grossen Problems, im Geiste reinster Humanität, enthält

die Fabel in der Form, wie sie noch in jüdischen Quellen bei Ibn Verga uns begegnet. Die Versöhnung erfolgt nicht mit einem halben Triumph des Skepticismus, sondern in Anerkennung der Ebenbürtigkeit, der Echtheit und Göttlichkeit einer jeden Religion. Hiernach lässt sich bemessen, von welcher Art und welchem Werth die Veränderungen waren, welche die interessante Fabel während ihrer Wanderjahre, seit dem Eintritt in die christliche Literatur, erfahren hat.

Es ist sonderbar, dass gerade diese Schwächen, diese späteren Aenderungen der Fabel einem geistreichen französischen Schriftsteller[1]) als wichtige Beweise gedient haben für deren jüdisch. Ursprung. Denn nur ein Jude, sagt er, konnte auf den Gedanken kommen, zwei Religionen als Nachahmungen einer älteren dritten zu erklären.

„Mais ni les chrétiens, ni les musulmans, n'auraient présenté cette filiation sous la métaphore malsonnante d'une contrefaçon. Il n'est pas dit, il est vrai, que le christianisme et l'islamisme soient les deux anneaux faits à l'imitation du véritable; mais cela est implicitement supposé, le judaïsme, étant antérieur, c'est bien cette religion qu'il faut voir dans

---

[1]) Michel Nicolas, Essais de philosophie et d'histoire religieuse. Paris 1863 p. 242—243.

l'anneau authentique qui est le plus ancien des trois."

Das wäre ein Kunstgriff, dem Judenthum eine besondere Bevorzugung doch noch vorzubehalten.

Allein bei I b n V e r g a, in der ä l t e s t e n j ü d i s c h e n Q u e l l e, hinterliess, wie Ephraim, der weise Jude, erzählt, der Vater einem jeden seiner Söhne einen Edelstein, nota bene: J e d e m e i n e n e c h t e n, von unstreitig hohem Wert. Ein Betrug wird nicht präsumirt, kein einziger Stein ist unecht. Dennoch hadern die Brüder, Jeder möchte seinen Edelstein als den besten, wertvollsten anerkannt wissen. Ein Streit, eitel und thöricht, aber gewiss nicht thörichter als jene Eitelkeit, welche sich mit einer guten Religion nicht zufrieden gibt. sondern die einzig gute haben will. Aber die Steine sind alle echt und unterscheiden könnte sie blos der Vater, der in seiner Liebe sicherlich Jedem das gegeben was ihm am zuträglichsten.

Allerdings ist es gerechtfertigt, dass Jedem der Stein, den er aus des Vaters eigener Hand erhalten hatte, der kostbarste, werthvollste sei. Wäre er in der That an Werth den andern auch nur gleich, so vereinigen sich Pietät, Familienliebe und kindli-

che Dankbarkeit, ihm eine höhere, ja die höchste
Bedeutung zu geben.

Unbeschadet der Heiligkeit und Echtheit
aller Religionen, muss Jedem diejenige, die er
von seinem Vater ererbt hat, mit welcher sein
ganzes Sein durch tausendfache Bande des
Blutes, der Liebe, der Tradition verknüpft ist,
am heiligsten, das köstlichste Besitzthum sein.

Zweifellos würde Lessing, wäre ihm diese
Form der Fabel begegnet, ihr vor der deca-
meronischen den Vorzug gegeben haben.

XIII.

Die Religion selber, wenn man ihr Ziel
klar erfasst, ihre Aufgaben genau begrenzt,
das, was sie will und soll, führt allein schon
zu jener humanen Lösung des Problems. W a h r-
h e i t im absoluten Sinne, als'Inbegriff des We-
sens aller Dinge: ist G o t t. Auch in der Bibel
wird die absolute Wahrheit nur Gott als sein
wesentlichstes Attribut zugeeignet. Jer. 10, 10.
Ps. 31, 6. II Chron. 15, 3. Den Lehrern des
Talmud, Sabbat 64, ist „Wahrheit eine Be-
zeichnung Gottes, sein Name und Siegel.“
Daher bleibt sie dem Menschen als zeitlichem
Wesen, seinem von Raum und Zeit eingeschlos-
senen Denken und Begreifen, ewig entrückt.
Eindringlich wird in der heiligen Schrift vor

dem dünkelhaften Vermessen, vor dem thörich-
ten Wahne gewarnt, dass der niedere Mensch
von dem geheimnisvollen Wesen Gottes reine,
klare und absolut wahre Vorstellungen und
Begriffe schaffen zu können, wähne! Vergl.
5. B. M, 4, 15.

Wie erhaben und ergreifend schildert die
heilige Schrift die Sehnsucht des grössten Pro-
feten und Gesetzgebers, das Antlitz Gottes
ungetrübt, in seinem vollen Glanze, in der majes-
tätischen Reinheit, ohne die Verhüllung zu erschauen, welche die Beschränktheit des menschlichen Denkvermögens, die menschliche Vernunft,
die an manigfachen sinnlichen Anschauungs-
formen gebunden ist, bedingt. „Ich werde, so
ward ihm zur Antwort, meine Allgüte vor
dir vorüberführen, meine göttliche Gnade und
Barmherzigkeit sollst du erfassen; mein
Antlitz aber kannst du nimmer erschauen;
denn nicht erschaut mich der Mensch, so er
lebet.“ 2. B. M. 23, 16. ff. Nur jene Seite
des göttlichen Bildes, das sich im grossen All
wiederspiegelt, ward ihm vergönnt zu sehen.
Das. 22 und 23.

So lehrt die Religion selber, dass dem
Menschen die absolute Wahrheit, das Antlitz
Gottes, ewig verhüllt bleibt. Nur die mensch-
liche, die relative Wahrheit, vermag er sich zu

erringen: dass er danach strebe, sind seinem
Geiste Organe gegeben, und die Wissenschaft
lehrt ihn, sie zu gebrauchen. Nicht der fertige
Besitz, sondern das Erstreben der von den
Schranken, welche seinem Denken gesetzt
sind, begrenzten Erkenntniss, ist nach den
Worten des Dichters, das hohe Gut des
Menschen.

Gleichwie nun Erkenntniss der relativen
Wahrheit das ideale Ziel der Wissenschaft,
die Darstellung des Schönen, Object der Kunst
ist, so hat die Religion das G u t e und dessen
Uebung, die Gestaltung des L e b e n s z u m
S e g e n als Aufgabe. Nur das soll sie lehren,
nur darüber den Menschen unterweisen. Diese
Begrenzung des Lehrgebiets der Religion ist
nicht etwa modern, sie ist so alt, als die Lehre
Mosis. Der grosse Gesetzgeber erklärt selber
die Religion nicht anders.

„Sieh, ich lege dir vor das L e b e n und
das G u t e, den T o d und das B ö s e, wenn ich
das Gebot dir gebe.“ Deut. 30. 15.

„Himmel und Erde rufe ich als Zeugen
an, dass ich L e b e n und T o d dir vorlege, F l u c h
und S e g e n, damit du das Leben erwählest für
dich und die Nachkommen.“ Das. 30, 19.

Die Antithese: Religion und Unreligion
ist also: Leben und Tod, Segen und Fluch,

oder was dasselbe, das G u t e und das B ö s e —
nicht aber, welche Antithese uns an keiner Stelle
begegnet, die Wahrheit und die Lüge. Diese bleiben der Gedankenarbeit des Menschen anheim-
gegeben, der dazu mit Geist ausgestattet ist.

Die Wahrheit, auch die menschliche, ist
einzig, ausschliessend, darum unerbitterlich und
oft hartherzig. Allein das G u t e, d e r S e g e n,
darf nie in Widerspruch gerathen zum Humanen. Wo das geschieht, hört es auf der Segen
zu sein. Sie ist nicht mehr Religion, weil es
mit ihrem eigensten Wesen, der Liebe, sich
nicht verträgt, wenn sie die Heiligthümer Anderer geringachtet.

Darum stellt die jüdische Religion nicht
die Anforderung, als die allein und ausschliesslich echte anerkannt zu werden. Wenn der
Talmud, der nicht ansteht, einen heidnischen
Jüngling in der Tugend der Elternliebe und
Pietät als Muster anzupreisen, die Lehre pre-
digt: „Die Frommen aller Völker haben An-
theil an der grossen Verheissung für die Zukunft", so lehrt er damit, dass auch Bekennern
anderer Religionen, sofern sie nicht den ele-
mentaren Begriffen der Menschlichkeit, den so-
genannten noachidischen Geboten zuwider sind,
das Prädicat der „Frömmigkeit" zukomme,
sowie dass das, was die Religion ihren Getreuen

als Lohn für fromme Handlungen verheisst.
den Bekennern anderer Religionen für ihre
frommen Handlungen nicht entgehe! Jede Religion erfüllt eine eigene, göttliche Mission.

In der Achtung entgegengesetzter Reli-
gionsanschauungen geht das Judenthum so weit,
dass die Talmudisten zur Pflicht machen, in
Gegenwart fremder Glaubensbekenner vor-
sichtig und streng alles zu vermeiden, was ihren
religiösen Sitten und Gebräuchen zuwider ist.
Verpönen sie irgend einen Genuss, so darfst
du ihn nicht in ihrem Beisein dir erlauben.
„Denn ein heiliges Volk bist du dem Ewigen,
deinem Gotte." Sifré zu Deuteronomium 14, 21.
Geringachtung fremder Bekenntnisse und Ueber-
zeugungen widerspricht dem Begriffe der Heiligkeit.

Ja, die Idee der Auserwähltheit, welche
oft zu ungerechten Anschuldigungen wider uns
Anlass gegeben, sagt nichts anderes, als dass
„Israel für seine Lehre" von Gott er-
koren und bestimmt worden, während die anderen Völker bestimmt sind, in anderen religiösen Formen den Idealen der Menschheit
nachzustreben.

XIV.

Religion gehört zu den subjectiven Aeusserungen der Menschennatur, ist Sache der Em-
pfindung, des Gemüthes, des Herzens. Was mein
Inneres tief ergreift, die Saiten der Seele in
rythmische Schwingungen mir bringt, muss nicht
immer im Herzen eines Anderen eine gleich-
ergreifende Wirkung erzielen. Wie Einer ist,
sagt Göthe, ist sein Gott. In seinem Ebenbilde
schafft sich der Mensch seine Gottheit. Nur das,
was er in seinem Selbstbewusstsein entwickelt
hat, wird ihm zum Bande zwischen dem Sinnlichen und Uebersinnlichen, d. h. Religion.
Obgleich ein Erbtheil der Väter, müssen wir
sie uns dennoch erst erwerben, um sie unser
volles Besitzthum zu nennen, als ein selbst-
errungener Kampfpreis, als das eigenste Eigenthum. Jeder aber erwirbt sie in anderer Art,
in anderem Grade.

Vor der Gottheit beugt sich der Bettler,
wie der König, der Glückliche, wie der Unglückliche, der Bösewicht, wie der Redliche.
Der Gedanke an sie verklärt das fröhliche
Kind, begeistert den kühnen Jüngling, erhöht
die Thatkraft des rüstigen Mannes, belebt die
Hoffnung des zitternden Greises. Dennoch ist
Gott „Jedem ein anderer". Das Kind, der Mann,
der Greis, der Alleinstehende, der Familien-

vater, der Arme, der Reiche, der Verlassene,
der Leidende, der Hoffende, der Glückliche,
der Tugendhafte, der Reuige, der Bittende,
der Dankende, der Sterbende: sie alle haben
Einen Gott, aber nicht denselben.

„Ich rufe Himmel und Erde zu Zeugen an,
„dass Alle, Israelit oder Nichtisraelit, Mann
„und Frau, Sklave oder Magd, nach Mas-
„gabe und Reife ihres Lebens und Handelns
„die Offenbarung des heiligen Geistes em-
„pfangen.“ Tana debe Elia rabba, 9, Anfang.

Aus den Einzelentwicklungen resultirt
die Gesammtentwicklung. Religion ist die edelste
Manifestation des Volksgeistes: steht im innig-
sten Zusammenhang mit dem Volksleben und
der Eigenart der Volksnatur. Wie aber die
Individualität des Menschen seinem Grundcha-
rakter und Idealbegriffe nach bei jedem Volke
in anderer Eigenthümlichkeit sich gestaltet, so
gewinnt auch die Religion, welche das Wesen
des individualisirten Volksgeistes am schärfsten
ausprägt, bei jedem Volke eine andere Eigenart, einen anderen Charakter. In solchem Sinne
darf man sagen, dass jedes Volk seine eigene
besondere Offenbarung von Gott empfangen
hat.¹) Er aber ist nicht minder gross, weil er

---

¹) Das Zehnwort, die Grundgebote des sittlichen

von jedem Volke anders erfasst, in jeder Zeit
und von jedem Geschlecht anders angebetet
wird.

Wozu also der Streit? Wozu die gegen-
seitige Beschuldigung? Die drei Ringe sind
gleich echt, empfangen aus derselben, aus des
Vaters Hand! Und Er, Dein, mein Vater war
kein Fälscher! Nur sind die Finger verschie-
den: nicht Allen passt derselbe Ring.

Ein alter jüdischer Lehrer vergleicht die
Verschiedenheit der Religionsmeinungen unter
den Menschen mit der Mannigfaltigkeit in
Form, Ausdruck, Bildung des menschlichen Gesichtes. Das Gleichmässige und Ein-
förmige ist etwas Ungehöriges und Unschönes,
der gesammten Naturordnung, dem offenkun-
digen Plane des Schöpfers zuwider. Warum
sollte am inneren Menschen mich stören, Verwunderung und Tadel wecken, was am äusseren noch Wolgefallen findet? *Keschem sche-*
ponecem enom schowoth, kach daathchem enom
schowoth.

Hier haben wir eine Parallele zu Saladins treffendem Worte: „Ich habe nie verlangt,
dass allen Bäumen Eine Rinde wachse“.

Lebens. sagen die Rabbinen, ist bei der grossen Ur-
offenbarung am Sinai von Gott selber in aller Völker
Zungen verkündet worden. Jeder vernahm es in seiner
eigenen Sprache (Midrasch z. St.) gemäss seinem
Fassungsvermögen. Jalkut 1 § 28, b.

XV.

In einem anderen Punkte noch differirt die Erzählung des Dekamerone von der des Schewet Jehuda. Der Melchizedek des italienischen Dichters verleiht dem Eigner des Ringes Erb- und Herrschaft des Hauses. Bei Nathan wird blos die praktische Geltendmachung dieses Rechtsanspruches illusorisch. In abstracto lässt er Allen das vermeintliche Recht; das Interesse jedoch ihres kostbaren Ringes zwingt sie, von diesen Ansprüchen zu schweigen. Beginnen sie den Streit, so führen sie den Nachweis, dass sie alle betrogene Betrüger, die Ringe allesammt gefälscht sind. Anders der weise Ephraim im Schewet Jehuda. Religionswahrheit darf weder Bedingung sein, noch Berechtigung geben zur weltlichen Herrschaft, zur äusserlichen Suprematie über die anderen Brüder. Der Besitz eines echten Steines ist an sich Gut und Schatz genug, dass er keiner anderen Zugaben bedarf, um begehrenswert zu sein. Da die Steine allesammt echt sind, kann ohnehin keiner von den Söhnen besondere Rechtsansprüche für sich ableiten, über die Brüder zu herrschen.

Darin sehen wir Nathan mit Ephraim übereinstimmen, dass der Glanz und der Triumph der Religion nicht mit der Macht und

nicht mit dem Rang ihrer Bekenner, noch mit
den äusseren Besitzthümern der Getreuen, als
vielmehr in dem Masse sich steigert, in welchem sie den Geist der Selbstsucht und des
Dünkels zu tilgen weiss, den Geist der Demuth und Nachsicht, den Geist der Gerechtigkeit und brüderlichen Hingebung zu beleben,
und zu erhöhen; in dem Masse, in welchem
sie aus unseres Herzens-Spalten einen Quell
und Strom der Liebe eröffnet und ergiesst,
nicht um ihn elendiglich an der Grenzscheide
des Bekenntnisses versumpfen und versanden
zu lassen, seine Gewässer vielmehr weit hinaus
zu senden, dass sie allen Menschenkindern den
Brudergruss überbringen; mit einem Worte:
in dem Masse, als sie uns dem Gipfel, dem
Ziele sittlicher Vollendung nahe führt.

Somit sind wir an den Punkt gelangt,
bei dem wir schliessen wollen. Wir haben
Nathan vor das Forum der „rechtgläubigen
Synagoge“ geführt und sie hat ihn als ihren
treuen Sohn nicht nur anerkannt — sie hat
ihn in seinen Lehren, seinen Charakterzügen
als einen Jünger der alten, grossen Rabbinen
anerkannt. Aus dem Innersten seines Stammes-
und Religionsbewusstseins heraus hat er vor
Saladin ausgerufen:

„Sultan, ich bin ein Jud“.

SCHLUSS.

„Wie bisweilen, sagt Göthe, in Familen, die sich lange erhalten, die Natur endlich ein Individuum hervorbringt, das die Eigenschaften seiner sämmtlichen Ahnherren in sich begreift, alle bisher in der Familie vereinzelt und nur andeutungsweise vorgekommenen Anlagen vereinigt und vollkommen in sich darstellt; ebenso geht es auch mit Nationen, deren sämmtliche Verdienste sich wol einmal, wenn es glückt, in einem Individuum zusammenfassen."

Ein Charakter solcher Art, der es im höchsten, gemässesten Sinne darstellen sollte, erzeugte das jüdische Volk in Mendelssohn, einem echten und rechten Menschen, einer idealen Verkörperung der harmonisch in sich abgeschlossenen Lebensweisheit. Ein Denkmal seiner würdig, welches in und mit ihm zugleich das jüdische Volk zur Darstellung bringt, ist die Lichtgestalt Nathans, wie sie der grosse Dichter erfasst und geschaffen hat. Gleich dem jüdischen Volk, das aus den harten Kämpfen düsterer, barbarischer Zeiten durch die grausen Schickungen finsterer Jahrhunderte zu einer lichten und heiteren Milde der Gesinnung, zu der lauteren und unerschüt-

terlichen Toleranz hinangeleitet worden, welche
ihren schönsten Ausdruck gefunden hat in der
unvergleichlichen Lehre:

„Verfolge nicht, auch nicht den Bösen, den
„Sünder; verfolgt der Gerechte den Frevler,
„dann ist Gott auf Seite des Bedrängten
„und Unterdrückten, nicht des Gerechten."
Wajikra rabba, 26:
so hat Nathan durch die Schule leidvoller
Erfahrungen zu der Tiefe und Freiheit des
Denkens, zu der idealen Seelengrösse sich
hindurchgerungen, welche unter dem Druck
trennender Religionsunterschiede, nur um so
wärmer und inniger auf das unzerreissbar ei-
nende Band des rein und einfach Menschlichen
dringt, welche gegen sich selbst die strengste
Selbstverläugnung und gegen die Mitmenschen
die höchste Nachsicht übt.

Dieserthalben dürfen wir sagen, ob er
auch unser ist von Blut und von Geist, unser
mit Kopf und Herz, so ist es doch sicher

„Und gewiss,

„Dass er Euch alle geliebt und gleich

„Geliebt."